保守国家秘密法一本通

法规应用研究中心 编

中国法制出版社

编辑说明

"法律一本通"系列丛书自 2005 年出版以来，以其科学的体系、实用的内容，深受广大读者的喜爱。 2007 年、2011 年、2014 年、2016 年、2018 年、2019 年、2021 年我们对其进行了改版，丰富了其内容，增强了其实用性，博得了广大读者的赞誉。

我们秉承"以法释法"的宗旨，在保持原有的体例之上，今年再次对"法律一本通"系列丛书进行改版，以达到"应办案所需，适学习所用"的目标。新版丛书具有以下特点：

1. 丛书以主体法的条文为序，逐条穿插关联的现行有效的法律、行政法规、部门规章、司法解释、请示答复和部分地方规范性文件，以方便读者理解和适用。

2. 丛书紧扣实践和学习两个主题，在目录上标注了重点法条，并在某些重点法条的相关规定之前，对收录的相关文件进行分类，再按分类归纳核心要点，以便读者最便捷地查找使用。

3. 丛书紧扣法律条文，在主法条的相关规定之后附上案例指引，收录最高人民法院、最高人民检察院指导性案例、公报案例以及相关机构公布的典型案例的裁判摘要、案例要旨或案情摘要等。通过相关案例，可以进一步领会和把握法律条文的适用，从而作为解决实际问题的参考。并对案例指引制作索引目录，方便读者查找。

4. 丛书以脚注的形式，对各类法律文件之间或者同一法律文件不同条文之间的适用关系、重点法条疑难之处进行说明，以便读者系统地理解我国现行各个法律部门的规则体系，从而更好地为教学科研和司法实践服务。

5. 丛书结合二维码技术的应用为广大读者提供增值服务，扫描前勒口二维码，即可免费部分使用中国法制出版社推出的【法融】数据库。【法融】数据库中"国家法律法规"栏目便于读者查阅法律文件准确全文及效力的同时，更有部分法律文件权威英文译本等独家资源分享。"最高法指导案例"和"最高检指导案例"两个栏目提供最高人民法院和最高人民检察院指导性案例的全文，为读者提供更多增值服务。

目 录

中华人民共和国保守国家秘密法

第一章 总 则

  第 一 条　【立法目的】 ………………………………… 1
★ 第 二 条　【国家秘密的定义】 …………………………… 5
  第 三 条　【党对保密工作的领导】 ……………………… 7
★ 第 四 条　【保密工作原则】 ……………………………… 8
★ 第 五 条　【保密义务】 …………………………………… 10
  第 六 条　【主管部门】 …………………………………… 21
★ 第 七 条　【国家机关及涉密单位保密职权范围】 ……… 23
  第 八 条　【保密工作责任制】 …………………………… 24
  第 九 条　【保密宣传教育】 ……………………………… 25
  第 十 条　【国家鼓励支持保密创新】 …………………… 25
  第十一条　【保密工作经费预算】 ………………………… 35
  第十二条　【激励保障机制】 ……………………………… 36

第二章 国家秘密的范围和密级

★ 第十三条　【国家秘密范围】 …………………………… 37
★ 第十四条　【密级】 ……………………………………… 40
★ 第十五条　【国家秘密及密级的确定、公布与调整】 …… 42
  第十六条　【定密责任人】 ………………………………… 52
  第十七条　【定密权限】 …………………………………… 54
  第十八条　【派生定密】 …………………………………… 58
  第十九条　【机关、单位产生国家秘密事项时的处理】 … 63

1

★ 第二十条	【保密期限】	66
第二十一条	【知悉范围的确定】	73
第二十二条	【国家秘密标志】	77
★ 第二十三条	【密级、保密期限、知悉范围的变更】	81
★ 第二十四条	【解密】	84
第二十五条	【国家秘密事项及密级争议的处理】	85

第三章 保密制度

★ 第二十六条	【国家秘密载体】	86
第二十七条	【属于国家秘密的设备、产品】	97
★ 第二十八条	【国家秘密载体管理中的禁止性行为】	99
第二十九条	【禁止非法复制、记录、储存、传递国家秘密】	102
第三十条	【涉密信息系统保密管理】	104
第三十一条	【涉密信息系统保密管理中的禁止性行为】	106
第三十二条	【安全保密产品和保密技术装备抽检、复检制度】	108
第三十三条	【新闻、出版、传媒保密管理】	109
★ 第三十四条	【网络运营者保密管理】	111
第三十五条	【拟公开信息保密审查】	112
第三十六条	【数据处理保密管理】	113
第三十七条	【与境外相关的保密管理】	113
第三十八条	【举办会议等活动的保密管理】	115
第三十九条	【保密要害部门、部位的保密管理】	116
第四十条	【军事禁区等涉密场所、部位保密措施】	116
★ 第四十一条	【涉密企事业单位保密管理】	118
第四十二条	【涉密业务签订保密协议】	128
第四十三条	【涉密人员分类、任用及能力要求】	129

第四十四条　【涉密人员管理制度】……………… 131
　　第四十五条　【涉密人员出境管理】……………… 132
　　第四十六条　【涉密人员离岗要求】……………… 133
★　第四十七条　【泄密或可能泄密时的处理】……… 135

第四章　监督管理

　　第四十八条　【保密规章及标准制定权】………… 136
　　第四十九条　【一般管理职权】…………………… 136
★　第 五 十 条　【定密纠正权】……………………… 137
★　第五十一条　【保密检查权】……………………… 138
★　第五十二条　【收缴权】…………………………… 138
　　第五十三条　【密级鉴定权】……………………… 139
　　第五十四条　【处分监督权】……………………… 140
　　第五十五条　【风险评估、监测预警、应急处置制度】…… 141
　　第五十六条　【保密协会】………………………… 143

第五章　法律责任

★　第五十七条　【组织、个人违反保密法承担法律
　　　　　　　　　责任的行为】…………………… 143
★　第五十八条　【机关、单位重大泄密、定密不当的
　　　　　　　　　法律责任】……………………… 145
★　第五十九条　【网络运营者违反保密法的法律责任】 148
★　第 六 十 条　【涉密企业事业单位违反国家保密规
　　　　　　　　　定的法律责任】………………… 149
★　第六十一条　【保密行政管理部门工作人员的法律
　　　　　　　　　责任】…………………………… 150
★　第六十二条　【刑事责任】………………………… 151

3

第六章 附　则

第六十三条　【对中央军事委员会的授权】……………… 152
第六十四条　【适用工作秘密管理办法的情形】………… 152
第六十五条　【实施日期】………………………………… 152

附录一

中华人民共和国国家安全法……………………………… 153
　　（2015年7月1日）
中华人民共和国保守国家秘密法实施条例……………… 163
　　（2014年1月17日）
国家秘密鉴定工作规定…………………………………… 171
　　（2021年7月30日）
保密事项范围制定、修订和使用办法…………………… 178
　　（2017年3月9日）
派生国家秘密定密管理暂行办法………………………… 183
　　（2023年2月27日）
国家秘密定密管理暂行规定……………………………… 186
　　（2014年3月9日）
国家秘密解密暂行办法…………………………………… 194
　　（2020年6月28日）
科学数据管理办法………………………………………… 198
　　（2018年3月17日）
新闻出版保密规定………………………………………… 203
　　（1992年6月13日）
国家科学技术秘密定密管理办法………………………… 206
　　（2018年8月8日）
泄密案件查处办法………………………………………… 212
　　（2017年12月29日）

附录二

本书所涉文件目录………………………………………… 223

案例索引目录

- 吴某等诉 H 市人民政府不履行信息公开法定职责纠纷案 … 7
- 汪某等对非国家工作人员行贿案 …………………… 39
- 奚某诉中华人民共和国公安部案 …………………… 40
- 上海某公司诉某市政府其他信息公开案 …………… 62

中华人民共和国保守国家秘密法

（1988年9月5日第七届全国人民代表大会常务委员会第三次会议通过 2010年4月29日第十一届全国人民代表大会常务委员会第十四次会议第一次修订 2024年2月27日第十四届全国人民代表大会常务委员会第八次会议第二次修订 2024年2月27日中华人民共和国主席令第20号公布 自2024年5月1日起施行）

目 录

第一章 总 则
第二章 国家秘密的范围和密级
第三章 保密制度
第四章 监督管理
第五章 法律责任
第六章 附 则

第一章 总 则

第一条 立法目的①

为了保守国家秘密，维护国家安全和利益，保障改革开放和社会主义现代化建设事业的顺利进行，根据宪法，制定本法。

---

① 条文主旨为编者所加，下同。

● 宪　法

1. 《宪法》（2018 年 3 月 11 日）

　　第 51 条　中华人民共和国公民在行使自由和权利的时候，不得损害国家的、社会的、集体的利益和其他公民的合法的自由和权利。

　　第 52 条　中华人民共和国公民有维护国家统一和全国各民族团结的义务。

　　第 53 条　中华人民共和国公民必须遵守宪法和法律，保守国家秘密，爱护公共财产，遵守劳动纪律，遵守公共秩序，尊重社会公德。

　　第 54 条　中华人民共和国公民有维护祖国的安全、荣誉和利益的义务，不得有危害祖国的安全、荣誉和利益的行为。

　　第 55 条　保卫祖国、抵抗侵略是中华人民共和国每一个公民的神圣职责。

　　依照法律服兵役和参加民兵组织是中华人民共和国公民的光荣义务。

● 法　律

2. 《公务员法》（2018 年 12 月 29 日）

　　第 14 条　公务员应当履行下列义务：

　　（一）忠于宪法，模范遵守、自觉维护宪法和法律，自觉接受中国共产党领导；

　　（二）忠于国家，维护国家的安全、荣誉和利益；

　　（三）忠于人民，全心全意为人民服务，接受人民监督；

　　（四）忠于职守，勤勉尽责，服从和执行上级依法作出的决定和命令，按照规定的权限和程序履行职责，努力提高工作质量和效率；

　　（五）保守国家秘密和工作秘密；

（六）带头践行社会主义核心价值观，坚守法治，遵守纪律，恪守职业道德，模范遵守社会公德、家庭美德；

（七）清正廉洁，公道正派；

（八）法律规定的其他义务。

第 59 条 公务员应当遵纪守法，不得有下列行为：

（一）散布有损宪法权威、中国共产党和国家声誉的言论，组织或者参加旨在反对宪法、中国共产党领导和国家的集会、游行、示威等活动；

（二）组织或者参加非法组织，组织或者参加罢工；

（三）挑拨、破坏民族关系，参加民族分裂活动或者组织、利用宗教活动破坏民族团结和社会稳定；

（四）不担当，不作为，玩忽职守，贻误工作；

（五）拒绝执行上级依法作出的决定和命令；

（六）对批评、申诉、控告、检举进行压制或者打击报复；

（七）弄虚作假，误导、欺骗领导和公众；

（八）贪污贿赂，利用职务之便为自己或者他人谋取私利；

（九）违反财经纪律，浪费国家资财；

（十）滥用职权，侵害公民、法人或者其他组织的合法权益；

（十一）泄露国家秘密或者工作秘密；

（十二）在对外交往中损害国家荣誉和利益；

（十三）参与或者支持色情、吸毒、赌博、迷信等活动；

（十四）违反职业道德、社会公德和家庭美德；

（十五）违反有关规定参与禁止的网络传播行为或者网络活动；

（十六）违反有关规定从事或者参与营利性活动，在企业或者其他营利性组织中兼任职务；

（十七）旷工或者因公外出、请假期满无正当理由逾期不归；

（十八）违纪违法的其他行为。

3. 《全国人民代表大会组织法》（2021年3月11日）

第43条 全国人民代表大会代表必须模范地遵守宪法和法律，保守国家秘密，并且在自己参加的生产、工作和社会活动中，协助宪法和法律的实施。

4. 《全国人民代表大会和地方各级人民代表大会代表法》（2015年8月29日）

第4条 代表应当履行下列义务：

（一）模范地遵守宪法和法律，保守国家秘密，在自己参加的生产、工作和社会活动中，协助宪法和法律的实施；

（二）按时出席本级人民代表大会会议，认真审议各项议案、报告和其他议题，发表意见，做好会议期间的各项工作；

（三）积极参加统一组织的视察、专题调研、执法检查等履职活动；

（四）加强履职学习和调查研究，不断提高执行代表职务的能力；

（五）与原选区选民或者原选举单位和人民群众保持密切联系，听取和反映他们的意见和要求，努力为人民服务；

（六）自觉遵守社会公德，廉洁自律，公道正派，勤勉尽责；

（七）法律规定的其他义务。

5. 《统计法》（2009年6月27日）

第8条 统计工作应当接受社会公众的监督。任何单位和个人有权检举统计中弄虚作假等违法行为。对检举有功的单位和个人应当给予表彰和奖励。

● 部门规章及文件

6. 《泄密案件查处办法》（2017年12月29日）

第1条 为保守国家秘密，维护国家安全和利益，规范和加强保密行政管理部门泄密案件查处工作，根据《中华人民共和国保守国家秘密法》（以下简称保密法）及其实施条例等法律法规，制定本办法。

7.《人民检察院、保密行政管理部门办理案件若干问题的规定》（2020年3月12日）

第1条 为保守国家秘密，维护国家安全和利益，加强人民检察院、保密行政管理部门办理案件的协调配合，根据《中华人民共和国刑法》、《中华人民共和国刑事诉讼法》、《中华人民共和国保守国家秘密法》等法律法规，制定本规定。

第二条 国家秘密的定义

> 国家秘密是关系国家安全和利益，依照法定程序确定，在一定时间内只限一定范围的人员知悉的事项。

● 行政法规及文件

《保守国家秘密法实施条例》（2014年1月17日）

第5条 机关、单位不得将依法应当公开的事项确定为国家秘密，不得将涉及国家秘密的信息公开。

第8条 国家秘密及其密级的具体范围（以下称保密事项范围）应当明确规定国家秘密具体事项的名称、密级、保密期限、知悉范围。

保密事项范围应当根据情况变化及时调整。制定、修订保密事项范围应当充分论证，听取有关机关、单位和相关领域专家的意见。

第10条 定密责任人在职责范围内承担有关国家秘密确定、变更和解除工作。具体职责是：

（一）审核批准本机关、本单位产生的国家秘密的密级、保密期限和知悉范围；

（二）对本机关、本单位产生的尚在保密期限内的国家秘密进行审核，作出是否变更或者解除的决定；

（三）对是否属于国家秘密和属于何种密级不明确的事项先行拟定密级，并按照规定的程序报保密行政管理部门确定。

第12条　机关、单位应当在国家秘密产生的同时，由承办人依据有关保密事项范围拟定密级、保密期限和知悉范围，报定密责任人审核批准，并采取相应保密措施。

第13条　机关、单位对所产生的国家秘密，应当按照保密事项范围的规定确定具体的保密期限；保密事项范围没有规定具体保密期限的，可以根据工作需要，在保密法规定的保密期限内确定；不能确定保密期限的，应当确定解密条件。

国家秘密的保密期限，自标明的制发日起计算；不能标明制发日的，确定该国家秘密的机关、单位应当书面通知知悉范围内的机关、单位和人员，保密期限自通知之日起计算。

第14条　机关、单位应当按照保密法的规定，严格限定国家秘密的知悉范围，对知悉机密级以上国家秘密的人员，应当作出书面记录。

第16条　机关、单位对所产生的国家秘密，认为符合保密法有关解密或者延长保密期限规定的，应当及时解密或者延长保密期限。

机关、单位对不属于本机关、本单位产生的国家秘密，认为符合保密法有关解密或者延长保密期限规定的，可以向原定密机关、单位或者其上级机关、单位提出建议。

已经依法移交各级国家档案馆的属于国家秘密的档案，由原定密机关、单位按照国家有关规定进行解密审核。

第17条　机关、单位被撤销或者合并的，该机关、单位所确定国家秘密的变更和解除，由承担其职能的机关、单位负责，也可以由其上级机关、单位或者保密行政管理部门指定的机关、单位负责。

● 案例指引

吴某等诉 H 市人民政府不履行信息公开法定职责纠纷案[①]

案件要旨：行政机关以会议纪要的形式记录会议情况和一定事项，一般不属于政府信息公开条例所调整的政府信息，但如果该纪要内容直接对相对人的权利义务产生实际影响的，应属于条例所调整的政府信息范围。公民、法人或者其他组织根据自身生产、生活、科研等特殊需要，对属于条例调整范围的政府信息提出公开的申请，行政机关应对该申请进行审查，并在法定期限内根据不同情况予以答复。在行政机关不能证明被申请公开的政府信息涉及国家秘密、商业秘密、个人隐私的情况下，仅以该信息属于限制阅读公文等为由不履行公开的法定职责，人民法院不予支持。

第三条　党对保密工作的领导

> 坚持中国共产党对保守国家秘密（以下简称保密）工作的领导。中央保密工作领导机构领导全国保密工作，研究制定、指导实施国家保密工作战略和重大方针政策，统筹协调国家保密重大事项和重要工作，推进国家保密法治建设。

● 法　律

1.《国家安全法》（2015 年 7 月 1 日）

第 15 条　国家坚持中国共产党的领导，维护中国特色社会主义制度，发展社会主义民主政治，健全社会主义法治，强化权力运行制约和监督机制，保障人民当家作主的各项权利。

国家防范、制止和依法惩治任何叛国、分裂国家、煽动叛乱、颠覆或者煽动颠覆人民民主专政政权的行为；防范、制止和依法惩治窃取、泄露国家秘密等危害国家安全的行为；防范、制止和依法惩治境外势力的渗透、破坏、颠覆、分裂活动。

---

① 参见《人民司法·案例》2010 年第 8 期。

第77条 公民和组织应当履行下列维护国家安全的义务：

（一）遵守宪法、法律法规关于国家安全的有关规定；

（二）及时报告危害国家安全活动的线索；

（三）如实提供所知悉的涉及危害国家安全活动的证据；

（四）为国家安全工作提供便利条件或者其他协助；

（五）向国家安全机关、公安机关和有关军事机关提供必要的支持和协助；

（六）保守所知悉的国家秘密；

（七）法律、行政法规规定的其他义务。

任何个人和组织不得有危害国家安全的行为，不得向危害国家安全的个人或者组织提供任何资助或者协助。

● 行政法规及文件

2.《商用密码管理条例》（2023年4月27日）

第3条 坚持中国共产党对商用密码工作的领导，贯彻落实总体国家安全观。国家密码管理部门负责管理全国的商用密码工作。县级以上地方各级密码管理部门负责管理本行政区域的商用密码工作。

网信、商务、海关、市场监督管理等有关部门在各自职责范围内负责商用密码有关管理工作。

第四条 保密工作原则

保密工作坚持总体国家安全观，遵循党管保密、依法管理，积极防范、突出重点，技管并重、创新发展的原则，既确保国家秘密安全，又便利信息资源合理利用。

法律、行政法规规定公开的事项，应当依法公开。

● 法 律

1.《行政诉讼法》（2017年6月27日）

第54条 人民法院公开审理行政案件，但涉及国家秘密、个人隐私和法律另有规定的除外。

涉及商业秘密的案件，当事人申请不公开审理的，可以不公开审理。

第65条 人民法院应当公开发生法律效力的判决书、裁定书，供公众查阅，但涉及国家秘密、商业秘密和个人隐私的内容除外。

2.《刑事诉讼法》（2018年10月26日）

第54条 人民法院、人民检察院和公安机关有权向有关单位和个人收集、调取证据。有关单位和个人应当如实提供证据。

行政机关在行政执法和查办案件过程中收集的物证、书证、视听资料、电子数据等证据材料，在刑事诉讼中可以作为证据使用。

对涉及国家秘密、商业秘密、个人隐私的证据，应当保密。

凡是伪造证据、隐匿证据或者毁灭证据的，无论属于何方，必须受法律追究。

第152条 采取技术侦查措施，必须严格按照批准的措施种类、适用对象和期限执行。

侦查人员对采取技术侦查措施过程中知悉的国家秘密、商业秘密和个人隐私，应当保密；对采取技术侦查措施获取的与案件无关的材料，必须及时销毁。

采取技术侦查措施获取的材料，只能用于对犯罪的侦查、起诉和审判，不得用于其他用途。

公安机关依法采取技术侦查措施，有关单位和个人应当配合，并对有关情况予以保密。

第188条 人民法院审判第一审案件应当公开进行。但是有关国家秘密或者个人隐私的案件，不公开审理；涉及商业秘密的案件，当事人申请不公开审理的，可以不公开审理。

不公开审理的案件，应当当庭宣布不公开审理的理由。

● 行政法规及文件

3.《保守国家秘密法实施条例》(2014 年 1 月 17 日)

第 5 条 机关、单位不得将依法应当公开的事项确定为国家秘密,不得将涉及国家秘密的信息公开。

第五条 保密义务

> 国家秘密受法律保护。
> 一切国家机关和武装力量、各政党和各人民团体、企业事业组织和其他社会组织以及公民都有保密的义务。
> 任何危害国家秘密安全的行为,都必须受到法律追究。

● 宪 法

1.《宪法》(2018 年 3 月 11 日)

第 51 条 中华人民共和国公民在行使自由和权利的时候,不得损害国家的、社会的、集体的利益和其他公民的合法的自由和权利。

第 52 条 中华人民共和国公民有维护国家统一和全国各民族团结的义务。

第 53 条 中华人民共和国公民必须遵守宪法和法律,保守国家秘密,爱护公共财产,遵守劳动纪律,遵守公共秩序,尊重社会公德。

第 54 条 中华人民共和国公民有维护祖国的安全、荣誉和利益的义务,不得有危害祖国的安全、荣誉和利益的行为。

第 55 条 保卫祖国、抵抗侵略是中华人民共和国每一个公民的神圣职责。

依照法律服兵役和参加民兵组织是中华人民共和国公民的光荣义务。

● 法　律

2.《行政诉讼法》（2017 年 6 月 27 日）

第 32 条　代理诉讼的律师，有权按照规定查阅、复制本案有关材料，有权向有关组织和公民调查，收集与本案有关的证据。对涉及国家秘密、商业秘密和个人隐私的材料，应当依照法律规定保密。

当事人和其他诉讼代理人有权按照规定查阅、复制本案庭审材料，但涉及国家秘密、商业秘密和个人隐私的内容除外。

第 41 条　与本案有关的下列证据，原告或者第三人不能自行收集的，可以申请人民法院调取：

（一）由国家机关保存而须由人民法院调取的证据；

（二）涉及国家秘密、商业秘密和个人隐私的证据；

（三）确因客观原因不能自行收集的其他证据。

第 43 条　证据应当在法庭上出示，并由当事人互相质证。对涉及国家秘密、商业秘密和个人隐私的证据，不得在公开开庭时出示。

人民法院应当按照法定程序，全面、客观地审查核实证据。对未采纳的证据应当在裁判文书中说明理由。

以非法手段取得的证据，不得作为认定案件事实的根据。

3.《刑事诉讼法》（2018 年 10 月 26 日）

第 54 条　人民法院、人民检察院和公安机关有权向有关单位和个人收集、调取证据。有关单位和个人应当如实提供证据。

行政机关在行政执法和查办案件过程中收集的物证、书证、视听资料、电子数据等证据材料，在刑事诉讼中可以作为证据使用。

对涉及国家秘密、商业秘密、个人隐私的证据，应当保密。

凡是伪造证据、隐匿证据或者毁灭证据的，无论属于何方，必须受法律追究。

第152条　采取技术侦查措施，必须严格按照批准的措施种类、适用对象和期限执行。

侦查人员对采取技术侦查措施过程中知悉的国家秘密、商业秘密和个人隐私，应当保密；对采取技术侦查措施获取的与案件无关的材料，必须及时销毁。

采取技术侦查措施获取的材料，只能用于对犯罪的侦查、起诉和审判，不得用于其他用途。

公安机关依法采取技术侦查措施，有关单位和个人应当配合，并对有关情况予以保密。

第188条　人民法院审判第一审案件应当公开进行。但是有关国家秘密或者个人隐私的案件，不公开审理；涉及商业秘密的案件，当事人申请不公开审理的，可以不公开审理。

不公开审理的案件，应当当庭宣布不公开审理的理由。

4.《劳动法》（2018年12月29日）

第22条　劳动合同当事人可以在劳动合同中约定保守用人单位商业秘密的有关事项。

5.《公务员法》（2018年12月29日）

第14条　公务员应当履行下列义务：

（一）忠于宪法，模范遵守、自觉维护宪法和法律，自觉接受中国共产党领导；

（二）忠于国家，维护国家的安全、荣誉和利益；

（三）忠于人民，全心全意为人民服务，接受人民监督；

（四）忠于职守，勤勉尽责，服从和执行上级依法作出的决定和命令，按照规定的权限和程序履行职责，努力提高工作质量和效率；

（五）保守国家秘密和工作秘密；

（六）带头践行社会主义核心价值观，坚守法治，遵守纪律，恪守职业道德，模范遵守社会公德、家庭美德；

（七）清正廉洁，公道正派；

（八）法律规定的其他义务。

第 59 条　公务员应当遵纪守法，不得有下列行为：

（一）散布有损宪法权威、中国共产党和国家声誉的言论，组织或者参加旨在反对宪法、中国共产党领导和国家的集会、游行、示威等活动；

（二）组织或者参加非法组织，组织或者参加罢工；

（三）挑拨、破坏民族关系，参加民族分裂活动或者组织、利用宗教活动破坏民族团结和社会稳定；

（四）不担当，不作为，玩忽职守，贻误工作；

（五）拒绝执行上级依法作出的决定和命令；

（六）对批评、申诉、控告、检举进行压制或者打击报复；

（七）弄虚作假，误导、欺骗领导和公众；

（八）贪污贿赂，利用职务之便为自己或者他人谋取私利；

（九）违反财经纪律，浪费国家资财；

（十）滥用职权，侵害公民、法人或者其他组织的合法权益；

（十一）泄露国家秘密或者工作秘密；

（十二）在对外交往中损害国家荣誉和利益；

（十三）参与或者支持色情、吸毒、赌博、迷信等活动；

（十四）违反职业道德、社会公德和家庭美德；

（十五）违反有关规定参与禁止的网络传播行为或者网络活动；

（十六）违反有关规定从事或者参与营利性活动，在企业或者其他营利性组织中兼任职务；

（十七）旷工或者因公外出、请假期满无正当理由逾期不归；

（十八）违纪违法的其他行为。

第 86 条　公务员有下列情形之一的，不得辞去公职：

（一）未满国家规定的最低服务年限的；

（二）在涉及国家秘密等特殊职位任职或者离开上述职位不满国家规定的脱密期限的；

（三）重要公务尚未处理完毕，且须由本人继续处理的；

（四）正在接受审计、纪律审查、监察调查，或者涉嫌犯罪，司法程序尚未终结的；

（五）法律、行政法规规定的其他不得辞去公职的情形。

第 100 条　机关根据工作需要，经省级以上公务员主管部门批准，可以对专业性较强的职位和辅助性职位实行聘任制。

前款所列职位涉及国家秘密的，不实行聘任制。

6.《检察官法》（2019 年 4 月 23 日）

第 10 条　检察官应当履行下列义务：

（一）严格遵守宪法和法律；

（二）秉公办案，不得徇私枉法；

（三）依法保障当事人和其他诉讼参与人的诉讼权利；

（四）维护国家利益、社会公共利益，维护个人和组织的合法权益；

（五）保守国家秘密和检察工作秘密，对履行职责中知悉的商业秘密和个人隐私予以保密；

（六）依法接受法律监督和人民群众监督；

（七）通过依法办理案件以案释法，增强全民法治观念，推进法治社会建设；

（八）法律规定的其他义务。

第 47 条　检察官有下列行为之一的，应当给予处分；构成犯罪的，依法追究刑事责任：

（一）贪污受贿、徇私枉法、刑讯逼供的；

（二）隐瞒、伪造、变造、故意损毁证据、案件材料的；

（三）泄露国家秘密、检察工作秘密、商业秘密或者个人隐私的；

（四）故意违反法律法规办理案件的；

（五）因重大过失导致案件错误并造成严重后果的；

（六）拖延办案，贻误工作的；

（七）利用职权为自己或者他人谋取私利的；

（八）接受当事人及其代理人利益输送，或者违反有关规定会见当事人及其代理人的；

（九）违反有关规定从事或者参与营利性活动，在企业或者其他营利性组织中兼任职务的；

（十）有其他违纪违法行为的。

检察官的处分按照有关规定办理。

7.《法官法》（2019年4月23日）

第10条　法官应当履行下列义务：

（一）严格遵守宪法和法律；

（二）秉公办案，不得徇私枉法；

（三）依法保障当事人和其他诉讼参与人的诉讼权利；

（四）维护国家利益、社会公共利益，维护个人和组织的合法权益；

（五）保守国家秘密和审判工作秘密，对履行职责中知悉的商业秘密和个人隐私予以保密；

（六）依法接受法律监督和人民群众监督；

（七）通过依法办理案件以案释法，增强全民法治观念，推进法治社会建设；

（八）法律规定的其他义务。

第46条　法官有下列行为之一的，应当给予处分；构成犯罪的，依法追究刑事责任：

（一）贪污受贿、徇私舞弊、枉法裁判的；

（二）隐瞒、伪造、变造、故意损毁证据、案件材料的；

（三）泄露国家秘密、审判工作秘密、商业秘密或者个人隐私的；

（四）故意违反法律法规办理案件的；

（五）因重大过失导致裁判结果错误并造成严重后果的；

（六）拖延办案，贻误工作的；

（七）利用职权为自己或者他人谋取私利的；

（八）接受当事人及其代理人利益输送，或者违反有关规定会见当事人及其代理人的；

（九）违反有关规定从事或者参与营利性活动，在企业或者其他营利性组织中兼任职务的；

（十）有其他违纪违法行为的。

法官的处分按照有关规定办理。

8.《刑法》（2023 年 12 月 29 日）

第 109 条　国家机关工作人员在履行公务期间，擅离岗位，叛逃境外或者在境外叛逃的，处五年以下有期徒刑、拘役、管制或者剥夺政治权利；情节严重的，处五年以上十年以下有期徒刑。

掌握国家秘密的国家工作人员叛逃境外或者在境外叛逃的，依照前款的规定从重处罚。

第 110 条　有下列间谍行为之一，危害国家安全的，处十年以上有期徒刑或者无期徒刑；情节较轻的，处三年以上十年以下有期徒刑：

（一）参加间谍组织或者接受间谍组织及其代理人的任务的；

（二）为敌人指示轰击目标的。

第 282 条　以窃取、刺探、收买方法，非法获取国家秘密的，处三年以下有期徒刑、拘役、管制或者剥夺政治权利；情节严重的，处三年以上七年以下有期徒刑。

非法持有属于国家绝密、机密的文件、资料或者其他物品，拒不说明来源与用途的，处三年以下有期徒刑、拘役或者管制。

第284条　非法使用窃听、窃照专用器材，造成严重后果的，处二年以下有期徒刑、拘役或者管制。

第285条　违反国家规定，侵入国家事务、国防建设、尖端科学技术领域的计算机信息系统的，处三年以下有期徒刑或者拘役。

违反国家规定，侵入前款规定以外的计算机信息系统或者采用其他技术手段，获取该计算机信息系统中存储、处理或者传输的数据，或者对该计算机信息系统实施非法控制，情节严重的，处三年以下有期徒刑或者拘役，并处或者单处罚金；情节特别严重的，处三年以上七年以下有期徒刑，并处罚金。

提供专门用于侵入、非法控制计算机信息系统的程序、工具，或者明知他人实施侵入、非法控制计算机信息系统的违法犯罪行为而为其提供程序、工具，情节严重的，依照前款的规定处罚。

单位犯前三款罪的，对单位判处罚金，并对其直接负责的主管人员和其他直接责任人员，依照各该款的规定处罚。

第287条　利用计算机实施金融诈骗、盗窃、贪污、挪用公款、窃取国家秘密或者其他犯罪的，依照本法有关规定定罪处罚。

第308条之一　司法工作人员、辩护人、诉讼代理人或者其他诉讼参与人，泄露依法不公开审理的案件中不应当公开的信息，造成信息公开传播或者其他严重后果的，处三年以下有期徒刑、拘役或者管制，并处或者单处罚金。

有前款行为，泄露国家秘密的，依照本法第三百九十八条的规定定罪处罚。

公开披露、报道第一款规定的案件信息，情节严重的，依照第一款的规定处罚。

单位犯前款罪的，对单位判处罚金，并对其直接负责的主管人员和其他直接责任人员,依照第一款的规定处罚。

第398条 国家机关工作人员违反保守国家秘密法的规定,故意或者过失泄露国家秘密,情节严重的,处三年以下有期徒刑或者拘役;情节特别严重的,处三年以上七年以下有期徒刑。

非国家机关工作人员犯前款罪的,依照前款的规定酌情处罚。

第431条 以窃取、刺探、收买方法,非法获取军事秘密的,处五年以下有期徒刑;情节严重的,处五年以上十年以下有期徒刑;情节特别严重的,处十年以上有期徒刑。

为境外的机构、组织、人员窃取、刺探、收买、非法提供军事秘密的,处五年以上十年以下有期徒刑;情节严重的,处十年以上有期徒刑、无期徒刑或者死刑。

第432条 违反保守国家秘密法规,故意或者过失泄露军事秘密,情节严重的,处五年以下有期徒刑或者拘役;情节特别严重的,处五年以上十年以下有期徒刑。

战时犯前款罪的,处五年以上十年以下有期徒刑;情节特别严重的,处十年以上有期徒刑或者无期徒刑。

9. 《国家安全法》(2015年7月1日)

第15条 国家坚持中国共产党的领导,维护中国特色社会主义制度,发展社会主义民主政治,健全社会主义法治,强化权力运行制约和监督机制,保障人民当家作主的各项权利。

国家防范、制止和依法惩治任何叛国、分裂国家、煽动叛乱、颠覆或者煽动颠覆人民民主专政政权的行为;防范、制止和依法惩治窃取、泄露国家秘密等危害国家安全的行为;防范、制止和依法惩治境外势力的渗透、破坏、颠覆、分裂活动。

第77条 公民和组织应当履行下列维护国家安全的义务:

(一)遵守宪法、法律法规关于国家安全的有关规定;

(二)及时报告危害国家安全活动的线索;

(三)如实提供所知悉的涉及危害国家安全活动的证据;

（四）为国家安全工作提供便利条件或者其他协助；

（五）向国家安全机关、公安机关和有关军事机关提供必要的支持和协助；

（六）保守所知悉的国家秘密；

（七）法律、行政法规规定的其他义务。

任何个人和组织不得有危害国家安全的行为，不得向危害国家安全的个人或者组织提供任何资助或者协助。

10.《国防法》（2020 年 12 月 26 日）

第 38 条　国家对国防科研生产实行统一领导和计划调控；注重发挥市场机制作用，推进国防科研生产和军事采购活动公平竞争。

国家为承担国防科研生产任务和接受军事采购的组织和个人依法提供必要的保障条件和优惠政策。地方各级人民政府应当依法对承担国防科研生产任务和接受军事采购的组织和个人给予协助和支持。

承担国防科研生产任务和接受军事采购的组织和个人应当保守秘密，及时高效完成任务，保证质量，提供相应的服务保障。

国家对供应武装力量的武器装备和物资、工程、服务，依法实行质量责任追究制度。

第 55 条　公民应当接受国防教育。

公民和组织应当保护国防设施，不得破坏、危害国防设施。

公民和组织应当遵守保密规定，不得泄露国防方面的国家秘密，不得非法持有国防方面的秘密文件、资料和其他秘密物品。

● 行政法规及文件

11.《国务院办公厅关于利用计算机信息系统开展审计工作有关问题的通知》（2001 年 11 月 16 日）

五、审计人员应当严格执行审计准则，在审计过程中，不得对被审计单位计算机信息系统造成损害，对知悉的国家秘密和商业秘密负有保密的义务，不得用于与审计工作无关的目的。审计人员泄露知悉的国家秘密和被审计单位的商业秘密，由审计机关给予相应的行政处分；构成犯罪的，移送司法机关依法处理。

各地区、各有关部门要高度重视利用计算机信息系统开展审计工作，对审计机关的工作给予支持和配合。审计机关要加强业务和技术培训，培养熟悉利用计算机信息系统开展审计工作的专业人员，保障审计工作顺利进行。

● 部门规章及文件

12.《互联网新闻信息服务管理规定》（2017年5月2日）

第13条 互联网新闻信息服务提供者为用户提供互联网新闻信息传播平台服务，应当按照《中华人民共和国网络安全法》的规定，要求用户提供真实身份信息。用户不提供真实身份信息的，互联网新闻信息服务提供者不得为其提供相关服务。

互联网新闻信息服务提供者对用户身份信息和日志信息负有保密的义务，不得泄露、篡改、毁损，不得出售或非法向他人提供。

互联网新闻信息服务提供者及其从业人员不得通过采编、发布、转载、删除新闻信息，干预新闻信息呈现或搜索结果等手段谋取不正当利益。

13.《电子认证服务管理办法》（2015年4月29日）

第20条 电子认证服务机构应当遵守国家的保密规定，建立完善的保密制度。

电子认证服务机构对电子签名人和电子签名依赖方的资料，负有保密的义务。

14.《通信网络安全防护管理办法》（2010年1月21日）

第21条 电信管理机构及其委托的专业机构的工作人员对

于检查工作中获悉的国家秘密、商业秘密和个人隐私，有保密的义务。

> **第六条** 主管部门
>
> 　　国家保密行政管理部门主管全国的保密工作。县级以上地方各级保密行政管理部门主管本行政区域的保密工作。

● 法　律

1.《密码法》（2019年10月26日）

　　第17条　密码管理部门根据工作需要会同有关部门建立核心密码、普通密码的安全监测预警、安全风险评估、信息通报、重大事项会商和应急处置等协作机制，确保核心密码、普通密码安全管理的协同联动和有序高效。

　　密码工作机构发现核心密码、普通密码泄密或者影响核心密码、普通密码安全的重大问题、风险隐患的，应当立即采取应对措施，并及时向保密行政管理部门、密码管理部门报告，由保密行政管理部门、密码管理部门会同有关部门组织开展调查、处置，并指导有关密码工作机构及时消除安全隐患。

● 行政法规及文件

2.《企业信息公示暂行条例》（2014年8月7日）

　　第3条　企业信息公示应当真实、及时。公示的企业信息涉及国家秘密、国家安全或者社会公共利益的，应当报请主管的保密行政管理部门或者国家安全机关批准。县级以上地方人民政府有关部门公示的企业信息涉及企业商业秘密或者个人隐私的，应当报请上级主管部门批准。

3.《保守国家秘密法实施条例》（2014年1月17日）

　　第2条　国家保密行政管理部门主管全国的保密工作。县级以上地方各级保密行政管理部门在上级保密行政管理部门指导下，主管本行政区域的保密工作。

4.《**政府信息公开条例**》(2019年4月3日)

第17条　行政机关应当建立健全政府信息公开审查机制，明确审查的程序和责任。

行政机关应当依照《中华人民共和国保守国家秘密法》以及其他法律、法规和国家有关规定对拟公开的政府信息进行审查。

行政机关不能确定政府信息是否可以公开的，应当依照法律、法规和国家有关规定报有关主管部门或者保密行政管理部门确定。

● 部门规章及文件

5.《**人民检察院、保密行政管理部门办理案件若干问题的规定**》(2020年3月12日)

第4条　人民检察院办理侵犯国家秘密案件，需要对有关事项是否属于国家秘密以及属于何种密级或者是否属于情报进行鉴定的，应当依据《密级鉴定工作规定》向国家保密行政管理部门或者省、自治区、直辖市保密行政管理部门提起。

第5条　保密行政管理部门对于疑难、复杂的侵犯国家秘密案件，可以商请同级人民检察院就专业性法律问题提出咨询或者参考意见。人民检察院应当予以支持。

人民检察院办理侵犯国家秘密案件，可以商请作出密级鉴定的保密行政管理部门就鉴定依据、危害评估等问题提出咨询或者参考意见。保密行政管理部门应当予以支持。

第7条　人民检察院与保密行政管理部门应当加强沟通协作，适时相互通报办理侵犯国家秘密案件的有关情况，会商案件办理中遇到的法律政策问题，研究阶段性工作重点和措施。

第8条　人民检察院与保密行政管理部门应当加强信息沟通和共享。双方分别确定具体牵头部门及联络人员，开展经常性的信息互通、多方位合作，依法加大对侵犯国家秘密案件的查处力度。

● 司法解释及文件

6.《最高人民法院关于审理政府信息公开行政案件若干问题的规定》（2011 年 7 月 29 日）

第 4 条　公民、法人或者其他组织对国务院部门、地方各级人民政府及县级以上地方人民政府部门依申请公开政府信息行政行为不服提起诉讼的，以作出答复的机关为被告；逾期未作出答复的，以受理申请的机关为被告。

公民、法人或者其他组织对主动公开政府信息行政行为不服提起诉讼的，以公开该政府信息的机关为被告。

公民、法人或者其他组织对法律、法规授权的具有管理公共事务职能的组织公开政府信息的行为不服提起诉讼的，以该组织为被告。

有下列情形之一的，应当以在对外发生法律效力的文书上署名的机关为被告：

（一）政府信息公开与否的答复依法报经有权机关批准的；

（二）政府信息是否可以公开系由国家保密行政管理部门或者省、自治区、直辖市保密行政管理部门确定的；

（三）行政机关在公开政府信息前与有关行政机关进行沟通、确认的。

第七条　国家机关及涉密单位保密职权范围

国家机关和涉及国家秘密的单位（以下简称机关、单位）管理本机关和本单位的保密工作。

中央国家机关在其职权范围内管理或者指导本系统的保密工作。

● 行政法规及文件

《保守国家秘密法实施条例》（2014 年 1 月 17 日）

第 6 条　机关、单位实行保密工作责任制。机关、单位负责人对本机关、本单位的保密工作负责，工作人员对本岗位的保密工作负责。

机关、单位应当根据保密工作需要设立保密工作机构或者指定人员专门负责保密工作。

机关、单位及其工作人员履行保密工作责任制情况应当纳入年度考评和考核内容。

第八条　保密工作责任制

机关、单位应当实行保密工作责任制，依法设置保密工作机构或者指定专人负责保密工作，健全保密管理制度，完善保密防护措施，开展保密宣传教育，加强保密监督检查。

● 部门规章及文件

1.《科学技术保密规定》（2015 年 11 月 16 日）

第 8 条　机关、单位应当实行科学技术保密工作责任制，健全科学技术保密管理制度，完善科学技术保密防护措施，开展科学技术保密宣传教育，加强科学技术保密检查。

2.《国家科学技术秘密持有单位管理办法》（2018 年 8 月 25 日）

第 4 条　持密单位应当实行科学技术保密工作责任制，单位主要负责人对本单位的科学技术保密工作负总责，设立或者指定专门机构开展科学技术保密工作，制定本单位科学技术保密管理制度，负责本单位科学技术保密日常工作。

第九条 保密宣传教育

国家采取多种形式加强保密宣传教育,将保密教育纳入国民教育体系和公务员教育培训体系,鼓励大众传播媒介面向社会进行保密宣传教育,普及保密知识,宣传保密法治,增强全社会的保密意识。

● 行政法规及文件

1. 《保守国家秘密法实施条例》(2014 年 1 月 17 日)

第 7 条 各级保密行政管理部门应当组织开展经常性的保密宣传教育。机关、单位应当定期对本机关、本单位工作人员进行保密形势、保密法律法规、保密技术防范等方面的教育培训。

● 部门规章及文件

2. 《环保举报热线工作管理办法》(2021 年 12 月 13 日)

第 20 条 各级承担环保举报热线工作的机构应当健全保密管理制度,完善保密防护措施,加强保密检查,并积极开展保密宣传教育。

3. 《科学技术保密规定》(2015 年 11 月 16 日)

第 8 条 机关、单位应当实行科学技术保密工作责任制,健全科学技术保密管理制度,完善科学技术保密防护措施,开展科学技术保密宣传教育,加强科学技术保密检查。

第十条 国家鼓励支持保密创新

国家鼓励和支持保密科学技术研究和应用,提升自主创新能力,依法保护保密领域的知识产权。

● 部门规章及文件

《科学技术保密规定》(2015 年 11 月 16 日)

第 1 章 总　　则

第 1 条 为保障国家科学技术秘密安全,促进科学技术事业发展，根据《中华人民共和国保守国家秘密法》《中华人民共和国科学技术进步法》和《中华人民共和国保守国家秘密法实施条例》，制定本规定。

第2条 本规定所称国家科学技术秘密，是指科学技术规划、计划、项目及成果中，关系国家安全和利益，依照法定程序确定，在一定时间内只限一定范围的人员知悉的事项。

第3条 涉及国家科学技术秘密的国家机关、单位（以下简称机关、单位）以及个人开展保守国家科学技术秘密的工作（以下简称科学技术保密工作），适用本规定。

第4条 科学技术保密工作坚持积极防范、突出重点、依法管理的方针，既保障国家科学技术秘密安全，又促进科学技术发展。

第5条 科学技术保密工作应当与科学技术管理工作相结合，同步规划、部署、落实、检查、总结和考核，实行全程管理。

第6条 国家科学技术行政管理部门管理全国的科学技术保密工作。省、自治区、直辖市科学技术行政管理部门管理本行政区域的科学技术保密工作。

中央国家机关在其职责范围内，管理或者指导本行业、本系统的科学技术保密工作。

第7条 国家保密行政管理部门依法对全国的科学技术保密工作进行指导、监督和检查。县级以上地方各级保密行政管理部门依法对本行政区域的科学技术保密工作进行指导、监督和检查。

第8条 机关、单位应当实行科学技术保密工作责任制，健全科学技术保密管理制度，完善科学技术保密防护措施，开展科学技术保密宣传教育，加强科学技术保密检查。

第2章 国家科学技术秘密的范围和密级

第9条 关系国家安全和利益，泄露后可能造成下列后果之一的科学技术事项，应当确定为国家科学技术秘密：

（一）削弱国家防御和治安能力；
（二）降低国家科学技术国际竞争力；
（三）制约国民经济和社会长远发展；
（四）损害国家声誉、权益和对外关系。

国家科学技术秘密及其密级的具体范围（以下简称国家科学技术保密事项范围），由国家保密行政管理部门会同国家科学技术行政管理部门另行制定。

第10条　国家科学技术秘密的密级分为绝密、机密和秘密三级。国家科学技术秘密密级应当根据泄露后可能对国家安全和利益造成的损害程度确定。

除泄露后会给国家安全和利益带来特别严重损害的外，科学技术原则上不确定为绝密级国家科学技术秘密。

第11条　有下列情形之一的科学技术事项，不得确定为国家科学技术秘密：

（一）国内外已经公开；
（二）难以采取有效措施控制知悉范围；
（三）无国际竞争力且不涉及国家防御和治安能力；
（四）已经流传或者受自然条件制约的传统工艺。

第3章　国家科学技术秘密的确定、变更和解除

第12条　中央国家机关、省级机关及其授权的机关、单位可以确定绝密级、机密级和秘密级国家科学技术秘密；设区的市、自治州一级的机关及其授权的机关、单位可以确定机密级、秘密级国家科学技术秘密。

第13条　国家科学技术秘密定密授权应当符合国家秘密定密管理的有关规定。中央国家机关作出的国家科学技术秘密定密授权，应当向国家科学技术行政管理部门和国家保密行政管理部门备案。省级机关，设区的市、自治州一级的机关作出的国家科学技术秘密定密授权，应当向省、自治区、直辖市科学技术行政

管理部门和保密行政管理部门备案。

第 14 条　机关、单位负责人及其指定的人员为国家科学技术秘密的定密责任人，负责本机关、本单位的国家科学技术秘密确定、变更和解除工作。

第 15 条　机关、单位和个人产生需要确定为国家科学技术秘密的科学技术事项时，应当先行采取保密措施，并依照下列途径进行定密：

（一）属于本规定第十二条规定的机关、单位，根据定密权限自行定密；

（二）不属于本规定第十二条规定的机关、单位，向有相应定密权限的上级机关、单位提请定密；没有上级机关、单位的，向有相应定密权限的业务主管部门提请定密；没有业务主管部门的，向所在省、自治区、直辖市科学技术行政管理部门提请定密；

（三）个人完成的符合本规定第九条规定的科学技术成果，应当经过评价、检测并确定成熟、可靠后，向所在省、自治区、直辖市科学技术行政管理部门提请定密。

第 16 条　实行市场准入管理的技术或者实行市场准入管理的产品涉及的科学技术事项需要确定为国家科学技术秘密的，向批准准入的国务院有关主管部门提请定密。

第 17 条　机关、单位在科学技术管理的以下环节，应当及时做好定密工作：

（一）编制科学技术规划；

（二）制定科学技术计划；

（三）科学技术项目立项；

（四）科学技术成果评价与鉴定；

（五）科学技术项目验收。

第 18 条　确定国家科学技术秘密，应当同时确定其名称、密级、保密期限、保密要点和知悉范围。

第19条 国家科学技术秘密保密要点是指必须确保安全的核心事项或者信息，主要涉及以下内容：

（一）不宜公开的国家科学技术发展战略、方针、政策、专项计划；

（二）涉密项目研制目标、路线和过程；

（三）敏感领域资源、物种、物品、数据和信息；

（四）关键技术诀窍、参数和工艺；

（五）科学技术成果涉密应用方向；

（六）其他泄露后会损害国家安全和利益的核心信息。

第20条 国家科学技术秘密有下列情形之一的，应当及时变更密级、保密期限或者知悉范围：

（一）定密时所依据的法律法规或者国家科学技术保密事项范围已经发生变化的；

（二）泄露后对国家安全和利益的损害程度会发生明显变化的。

国家科学技术秘密的变更，由原定密机关、单位决定，也可由其上级机关、单位决定。

第21条 国家科学技术秘密的具体保密期限届满、解密时间已到或者符合解密条件的，自行解密。出现下列情形之一时，应当提前解密：

（一）已经扩散且无法采取补救措施的；

（二）法律法规或者国家科学技术保密事项范围调整后，不再属于国家科学技术秘密的；

（三）公开后不会损害国家安全和利益的。

提前解密由原定密机关、单位决定，也可由其上级机关、单位决定。

第22条 国家科学技术秘密需要延长保密期限的，应当在原保密期限届满前作出决定并书面通知原知悉范围内的机关、单位或者人员。延长保密期限由原定密机关、单位决定，也可由其上级机关、单位决定。

第 23 条　国家科学技术秘密确定、变更和解除应当进行备案：

（一）省、自治区、直辖市科学技术行政管理部门和中央国家机关有关部门每年 12 月 31 日前将本行政区域或者本部门当年确定、变更和解除的国家科学技术秘密情况报国家科学技术行政管理部门备案；

（二）其他机关、单位确定、变更和解除的国家科学技术秘密，应当在确定、变更、解除后 20 个工作日内报同级政府科学技术行政管理部门备案。

第 24 条　科学技术行政管理部门发现机关、单位国家科学技术秘密确定、变更和解除不当的，应当及时通知其纠正。

第 25 条　机关、单位对已定密事项是否属于国家科学技术秘密或者属于何种密级有不同意见的，按照国家有关保密规定解决。

第 4 章　国家科学技术秘密保密管理

第 26 条　国家科学技术行政管理部门管理全国的科学技术保密工作。主要职责如下：

（一）制定或者会同有关部门制定科学技术保密规章制度；

（二）指导和管理国家科学技术秘密定密工作；

（三）按规定审查涉外国家科学技术秘密事项；

（四）检查全国科学技术保密工作，协助国家保密行政管理部门查处泄露国家科学技术秘密案件；

（五）组织开展科学技术保密宣传教育和培训；

（六）表彰全国科学技术保密工作先进集体和个人。

国家科学技术行政管理部门设立国家科技保密办公室，负责国家科学技术保密管理的日常工作。

第27条　省、自治区、直辖市科学技术行政管理部门和中央国家机关有关部门，应当设立或者指定专门机构管理科学技术保密工作。主要职责如下：

（一）贯彻执行国家科学技术保密工作方针、政策，制定本行政区域、本部门或者本系统的科学技术保密规章制度；

（二）指导和管理本行政区域、本部门或者本系统的国家科学技术秘密定密工作；

（三）按规定审查涉外国家科学技术秘密事项；

（四）监督检查本行政区域、本部门或者本系统的科学技术保密工作，协助保密行政管理部门查处泄露国家科学技术秘密案件；

（五）组织开展本行政区域、本部门或者本系统科学技术保密宣传教育和培训；

（六）表彰本行政区域、本部门或者本系统的科学技术保密工作先进集体和个人。

第28条　机关、单位管理本机关、本单位的科学技术保密工作。主要职责如下：

（一）建立健全科学技术保密管理制度；

（二）设立或者指定专门机构管理科学技术保密工作；

（三）依法开展国家科学技术秘密定密工作，管理涉密科学技术活动、项目及成果；

（四）确定涉及国家科学技术秘密的人员（以下简称涉密人员），并加强对涉密人员的保密宣传、教育培训和监督管理；

（五）加强计算机及信息系统、涉密载体和涉密会议活动保密管理，严格对外科学技术交流合作和信息公开保密审查；

（六）发生资产重组、单位变更等影响国家科学技术秘密管理的事项时，及时向上级机关或者业务主管部门报告。

第29条　涉密人员应当遵守以下保密要求：

（一）严格执行国家科学技术保密法律法规和规章以及本机关、本单位科学技术保密制度；

（二）接受科学技术保密教育培训和监督检查；

（三）产生涉密科学技术事项时，先行采取保密措施，按规定提请定密，并及时向本机关、本单位科学技术保密管理机构报告；

（四）参加对外科学技术交流合作与涉外商务活动前向本机关、本单位科学技术保密管理机构报告；

（五）发表论文、申请专利、参加学术交流等公开行为前按规定履行保密审查手续；

（六）发现国家科学技术秘密正在泄露或者可能泄露时，立即采取补救措施，并向本机关、本单位科学技术保密管理机构报告；

（七）离岗离职时，与机关、单位签订保密协议，接受脱密期保密管理，严格保守国家科学技术秘密。

第30条 机关、单位和个人在下列科学技术合作与交流活动中，不得涉及国家科学技术秘密：

（一）进行公开的科学技术讲学、进修、考察、合作研究等活动；

（二）利用互联网及其他公共信息网络、广播、电影、电视以及公开发行的报刊、书籍、图文资料和声像制品进行宣传、报道或者发表论文；

（三）进行公开的科学技术展览和展示等活动。

第31条 机关、单位和个人应当加强国家科学技术秘密信息保密管理，存储、处理国家科学技术秘密信息应当符合国家保密规定。任何机关、单位和个人不得有下列行为：

（一）非法获取、持有、复制、记录、存储国家科学技术秘密信息；

（二）使用非涉密计算机、非涉密存储设备存储、处理国家科学技术秘密；

（三）在互联网及其他公共信息网络或者未采取保密措施的有线和无线通信中传递国家科学技术秘密信息；

（四）通过普通邮政、快递等无保密措施的渠道传递国家科学技术秘密信息；

（五）在私人交往和通信中涉及国家科学技术秘密信息；

（六）其他违反国家保密规定的行为。

第32条　对外科学技术交流与合作中需要提供国家科学技术秘密的，应当经过批准，并与对方签订保密协议。绝密级国家科学技术秘密原则上不得对外提供，确需提供的，应当经中央国家机关有关主管部门同意后，报国家科学技术行政管理部门批准；机密级国家科学技术秘密对外提供应当报中央国家机关有关主管部门批准；秘密级国家科学技术秘密对外提供应当报中央国家机关有关主管部门或者省、自治区、直辖市人民政府有关主管部门批准。

有关主管部门批准对外提供国家科学技术秘密的，应当在10个工作日内向同级政府科学技术行政管理部门备案。

第33条　机关、单位开展涉密科学技术活动的，应当指定专人负责保密工作、明确保密纪律和要求，并加强以下方面保密管理：

（一）研究、制定涉密科学技术规划应当制定保密工作方案，签订保密责任书；

（二）组织实施涉密科学技术计划应当制定保密制度；

（三）举办涉密科学技术会议或者组织开展涉密科学技术展览、展示应当采取必要的保密管理措施，在符合保密要求的场所进行；

（四）涉密科学技术活动进行公开宣传报道前应当进行保密

审查。

第 34 条 涉密科学技术项目应当按照以下要求加强保密管理：

（一）涉密科学技术项目在指南发布、项目申报、专家评审、立项批复、项目实施、结题验收、成果评价、转化应用及科学技术奖励各个环节应当建立保密制度；

（二）涉密科学技术项目下达单位与承担单位、承担单位与项目负责人、项目负责人与参研人员之间应当签订保密责任书；

（三）涉密科学技术项目的文件、资料及其他载体应当指定专人负责管理并建立台账；

（四）涉密科学技术项目进行对外科学技术交流与合作、宣传展示、发表论文、申请专利等，承担单位应当提前进行保密审查；

（五）涉密科学技术项目原则上不得聘用境外人员，确需聘用境外人员的，承担单位应当按规定报批。

第 35 条 涉密科学技术成果应当按以下要求加强保密管理：

（一）涉密科学技术成果在境内转让或者推广应用，应当报原定密机关、单位批准，并与受让方签订保密协议；

（二）涉密科学技术成果向境外出口，利用涉密科学技术成果在境外开办企业，在境内与外资、外企合作，应当按照本规定第三十二条规定报有关主管部门批准。

第 36 条 机关、单位应当按照国家规定，做好国家科学技术秘密档案归档和保密管理工作。

第 37 条 机关、单位应当为科学技术保密工作提供经费、人员和其他必要的保障条件。国家科学技术行政管理部门，省、自治区、直辖市科学技术行政管理部门应当将科学技术保密工作经费纳入部门预算。

第 38 条 机关、单位应当保障涉密人员正当合法权益。对参与国家科学技术秘密研制的科技人员，有关机关、单位不得因其成果不宜公开发表、交流、推广而影响其评奖、表彰和职称评定。

对确因保密原因不能在公开刊物上发表的论文，有关机关、单位应当对论文的实际水平给予客观、公正评价。

第39条　国家科学技术秘密申请知识产权保护应当遵守以下规定：

（一）绝密级国家科学技术秘密不得申请普通专利或者保密专利；

（二）机密级、秘密级国家科学技术秘密经原定密机关、单位批准可申请保密专利；

（三）机密级、秘密级国家科学技术秘密申请普通专利或者由保密专利转为普通专利的，应当先行办理解密手续。

第40条　机关、单位对在科学技术保密工作方面作出贡献、成绩突出的集体和个人，应当给予表彰；对于违反科学技术保密规定的，给予批评教育；对于情节严重，给国家安全和利益造成损害的，应当依照有关法律、法规给予有关责任人员处分，构成犯罪的，依法追究刑事责任。

第十一条　保密工作经费预算

县级以上人民政府应当将保密工作纳入本级国民经济和社会发展规划，所需经费列入本级预算。

机关、单位开展保密工作所需经费应当列入本机关、本单位年度预算或者年度收支计划。

● 行政法规及文件

《保守国家秘密法实施条例》（2014年1月17日）

第4条　县级以上人民政府应当加强保密基础设施建设和关

键保密科技产品的配备。

省级以上保密行政管理部门应当加强关键保密科技产品的研发工作。

保密行政管理部门履行职责所需的经费，应当列入本级人民政府财政预算。机关、单位开展保密工作所需经费应当列入本机关、本单位的年度财政预算或者年度收支计划。

第十二条 激励保障机制

国家加强保密人才培养和队伍建设，完善相关激励保障机制。

对在保守、保护国家秘密工作中做出突出贡献的组织和个人，按照国家有关规定给予表彰和奖励。

● 法　律

《驻外外交人员法》（2009 年 10 月 31 日）

第 32 条　驻外外交机构或者驻外外交人员有下列情形之一的，依法给予奖励：

（一）为维护国家主权、安全、荣誉和利益作出重大贡献的；

（二）为维护中国公民和法人在国外的人身、财产安全或者其他正当权益作出突出贡献的；

（三）在应对重大突发事件中作出重大贡献的；

（四）在战乱等特定艰苦环境中有突出事迹的；

（五）为保护国家秘密作出突出贡献的；

（六）遵守纪律，廉洁奉公，作风正派，办事公道，模范作用突出的；

（七）尽职尽责，工作实绩突出的；

（八）有其他突出表现应当给予奖励的。

第二章　国家秘密的范围和密级

第十三条　国家秘密范围

下列涉及国家安全和利益的事项，泄露后可能损害国家在政治、经济、国防、外交等领域的安全和利益的，应当确定为国家秘密：

（一）国家事务重大决策中的秘密事项；

（二）国防建设和武装力量活动中的秘密事项；

（三）外交和外事活动中的秘密事项以及对外承担保密义务的秘密事项；

（四）国民经济和社会发展中的秘密事项；

（五）科学技术中的秘密事项；

（六）维护国家安全活动和追查刑事犯罪中的秘密事项；

（七）经国家保密行政管理部门确定的其他秘密事项。

政党的秘密事项中符合前款规定的，属于国家秘密。

● 部门规章及文件

1.《国家秘密鉴定工作规定》（2021 年 7 月 30 日）

第 15 条　存在鉴定事项产生单位不明确，涉及多个机关、单位以及行业、领域，或者有关单位鉴定意见不明确、理由和依据不充分等情形的，保密行政管理部门可以向有关业务主管部门或者相关机关、单位征求鉴定意见。

鉴定事项属于执行、办理已经确定的国家秘密事项的，受理鉴定的保密行政管理部门可以根据工作需要，向原定密单位或者有关业务主管部门征求鉴定意见。

2.《保密事项范围制定、修订和使用办法》（2017 年 3 月 9 日）

第 4 条　国家机关和涉及国家秘密的单位（以下简称机关、

单位）应当严格依据保密事项范围，规范准确定密，不得比照类推、擅自扩大或者缩小国家秘密事项范围。

第11条 有下列情形的，中央有关机关应当与国家保密行政管理部门会商，组织制定或者修订保密事项范围：

（一）主管行业、领域经常产生国家秘密、尚未制定保密事项范围的；

（二）保密事项范围内容已不适应实际工作需要的；

（三）保密事项范围内容与法律法规规定不相符合的；

（四）因机构改革或者调整，影响保密事项范围适用的；

（五）其他应当制定或者修订的情形。

其他机关、单位认为有上述情形，需要制定、修订保密事项范围的，可以向国家保密行政管理部门或者中央有关机关提出建议。

第12条 保密事项范围由主管相关行业、领域工作的中央有关机关负责起草；涉及多个部门或者行业、领域的，由承担主要职能的中央有关机关牵头负责起草；不得委托社会中介机构及其他社会组织或者个人起草。

国家保密行政管理部门、中央有关机关应当定期对起草工作进行研究会商。

第13条 中央有关机关起草保密事项范围，应当进行调查研究，总结梳理本行业、本领域国家秘密事项，广泛征求有关机关、单位和相关领域专家意见。

第14条 中央有关机关完成起草工作后，应当将保密事项范围送审稿送国家保密行政管理部门审核，同时提交下列材料：

（一）保密事项范围送审稿的说明；

（二）有关机关、单位或者相关领域专家的意见；

（三）其他有关材料，主要包括所在行业、领域国家秘密事项总结梳理情况等。

第15条 国家保密行政管理部门对保密事项范围送审稿应

当从以下方面进行审核：

（一）形式是否符合本办法规定；

（二）所列事项是否符合保密法关于国家秘密的规定；

（三）所列事项是否涵盖所在行业、领域国家秘密；

（四）所列事项是否属于法律法规要求公开或者其他不得确定为国家秘密的事项；

（五）所列事项表述是否准确、规范并具有可操作性；

（六）是否与其他保密事项范围协调、衔接；

（七）其他需要审核的内容。

国家保密行政管理部门可以组织有关专家对保密事项范围送审稿进行评议，听取意见。

第16条 国家保密行政管理部门审核认为保密事项范围送审稿需要作出修改的，应当与中央有关机关会商议定；需要进一步征求意见的，应当征求有关机关、单位意见；无需修改的，应当会同中央有关机关形成保密事项范围草案和草案说明，并启动会签程序。

第17条 保密事项范围应当由国家保密行政管理部门、中央有关机关主要负责人共同签署批准。

第18条 保密事项范围使用中央有关机关的发文字号印发。印发时，应当严格控制发放范围，并注明能否转发以及转发范围。

● 案例指引

1. 汪某等对非国家工作人员行贿案[①]

案例要旨：组织考试作弊罪的构成要件之一"法律规定的国家考试"，是指依据全国人民代表大会及其常务委员会制定的法律而设置的考试。此类考试既包括法律直接设置的考试，也包括由行业、

[①] 参见《人民司法·案例》2021年第14期。

领域专门法律就专项资格管理作出授权规定+部门规章依据该授权具体设置的考试。并非上述法律规定的国家考试，而是等同于法律规定的国家考试效力的其他全国性考试，该种全国性考试因为不具有法律规定的权力依据，不属于组织考试作弊罪的规制对象，行为人组织在该类考试中作弊的，不构成组织考试作弊罪。

2. 奚某诉中华人民共和国公安部案（最高人民法院发布全国法院政府信息公开十大案例）①

案例要旨：本案的焦点集中在追查刑事犯罪中形成的秘密事项的公开问题。根据《政府信息公开条例》② 第十四条的规定，行政机关不得公开涉及国家秘密的政府信息。保守国家秘密法第九条规定，"维护国家安全活动和追查刑事犯罪中的秘密事项"应当确定为国家秘密。本案中，一审法院认定原告申请公开的文件信息属于秘密事项，应当不予公开，符合前述法律规定。同时，公安机关具有行政机关和刑事司法机关的双重职能，其在履行刑事司法职能时制作的信息不属于《政府信息公开条例》第二条所规定的政府信息。本案二审法院在对公安机关的这两种职能进行区分的基础上，认定公安部作出不予公开答复并无不当，具有示范意义。

第十四条　密级

国家秘密的密级分为绝密、机密、秘密三级。

绝密级国家秘密是最重要的国家秘密，泄露会使国家安全和利益遭受特别严重的损害；机密级国家秘密是重要的国家秘密，泄露会使国家安全和利益遭受严重的损害；秘密级国家秘密是一般的国家秘密，泄露会使国家安全和利益遭受损害。

---

① 参见最高人民法院网站，https://www.court.gov.cn/zixun/xiangqing/13406.html，最后访问时间：2024 年 3 月 21 日。

② 本书中"案例指引"部分引用的法律法规等文件均为案件裁判时有效，以下不另外提示。

● 法　律

1. 《**档案法**》(2020 年 6 月 20 日)

第 20 条　涉及国家秘密的档案的管理和利用,密级的变更和解密,应当依照有关保守国家秘密的法律、行政法规规定办理。

2. 《**密码法**》(2019 年 10 月 26 日)

第 7 条　核心密码、普通密码用于保护国家秘密信息,核心密码保护信息的最高密级为绝密级,普通密码保护信息的最高密级为机密级。

核心密码、普通密码属于国家秘密。密码管理部门依照本法和有关法律、行政法规、国家有关规定对核心密码、普通密码实行严格统一管理。

3. 《**气象法**》(2016 年 11 月 7 日)

第 18 条　基本气象探测资料以外的气象探测资料需要保密的,其密级的确定、变更和解密以及使用,依照《中华人民共和国保守国家秘密法》的规定执行。

● 行政法规及文件

4. 《**保守国家秘密法实施条例**》(2014 年 1 月 17 日)

第 20 条　机关、单位对已定密事项是否属于国家秘密或者属于何种密级有不同意见的,可以向原定密机关、单位提出异议,由原定密机关、单位作出决定。

机关、单位对原定密机关、单位未予处理或者对作出的决定仍有异议的,按照下列规定办理:

(一) 确定为绝密级的事项和中央国家机关确定的机密级、秘密级的事项,报国家保密行政管理部门确定。

(二) 其他机关、单位确定的机密级、秘密级的事项,报省、自治区、直辖市保密行政管理部门确定;对省、自治区、直辖市保密行政管理部门作出的决定有异议的，可以报国家保密行政管理部门确定。

在原定密机关、单位或者保密行政管理部门作出决定前，对有关事项应当按照主张密级中的最高密级采取相应的保密措施。

第23条　涉密信息系统按照涉密程度分为绝密级、机密级、秘密级。机关、单位应当根据涉密信息系统存储、处理信息的最高密级确定系统的密级，按照分级保护要求采取相应的安全保密防护措施。

第十五条 国家秘密及密级的确定、公布与调整

> 国家秘密及其密级的具体范围（以下简称保密事项范围），由国家保密行政管理部门单独或者会同有关中央国家机关规定。
>
> 军事方面的保密事项范围，由中央军事委员会规定。
>
> 保密事项范围的确定应当遵循必要、合理原则，科学论证评估，并根据情况变化及时调整。保密事项范围的规定应当在有关范围内公布。

● 行政法规及文件

1. 《保守国家秘密法实施条例》（2014年1月17日）

第8条　国家秘密及其密级的具体范围（以下称保密事项范围）应当明确规定国家秘密具体事项的名称、密级、保密期限、知悉范围。

保密事项范围应当根据情况变化及时调整。制定、修订保密事项范围应当充分论证，听取有关机关、单位和相关领域专家的意见。

第9条　机关、单位负责人为本机关、本单位的定密责任人，根据工作需要，可以指定其他人员为定密责任人。

专门负责定密的工作人员应当接受定密培训，熟悉定密职责

和保密事项范围，掌握定密程序和方法。

第 10 条　定密责任人在职责范围内承担有关国家秘密确定、变更和解除工作。具体职责是：

（一）审核批准本机关、本单位产生的国家秘密的密级、保密期限和知悉范围；

（二）对本机关、本单位产生的尚在保密期限内的国家秘密进行审核，作出是否变更或者解除的决定；

（三）对是否属于国家秘密和属于何种密级不明确的事项先行拟定密级，并按照规定的程序报保密行政管理部门确定。

第 11 条　中央国家机关、省级机关以及设区的市、自治州级机关可以根据保密工作需要或者有关机关、单位的申请，在国家保密行政管理部门规定的定密权限、授权范围内作出定密授权。

定密授权应当以书面形式作出。授权机关应当对被授权机关、单位履行定密授权的情况进行监督。

中央国家机关、省级机关作出的授权，报国家保密行政管理部门备案；设区的市、自治州级机关作出的授权，报省、自治区、直辖市保密行政管理部门备案。

第 12 条　机关、单位应当在国家秘密产生的同时，由承办人依据有关保密事项范围拟定密级、保密期限和知悉范围，报定密责任人审核批准，并采取相应保密措施。

第 13 条　机关、单位对所产生的国家秘密，应当按照保密事项范围的规定确定具体的保密期限；保密事项范围没有规定具体保密期限的，可以根据工作需要，在保密法规定的保密期限内确定；不能确定保密期限的，应当确定解密条件。

国家秘密的保密期限，自标明的制发日起计算；不能标明制发日的，确定该国家秘密的机关、单位应当书面通知知悉范围内的机关、单位和人员，保密期限自通知之日起计算。

第 14 条　机关、单位应当按照保密法的规定，严格限定国家秘密的知悉范围，对知悉机密级以上国家秘密的人员，应当作出书面记录。

第15条 国家秘密载体以及属于国家秘密的设备、产品的明显部位应当标注国家秘密标志。国家秘密标志应当标注密级和保密期限。国家秘密的密级和保密期限发生变更的，应当及时对原国家秘密标志作出变更。

无法标注国家秘密标志的，确定该国家秘密的机关、单位应当书面通知知悉范围内的机关、单位和人员。

第16条 机关、单位对所产生的国家秘密，认为符合保密法有关解密或者延长保密期限规定的，应当及时解密或者延长保密期限。

机关、单位对不属于本机关、本单位产生的国家秘密，认为符合保密法有关解密或者延长保密期限规定的，可以向原定密机关、单位或者其上级机关、单位提出建议。

已经依法移交各级国家档案馆的属于国家秘密的档案，由原定密机关、单位按照国家有关规定进行解密审核。

第17条 机关、单位被撤销或者合并的，该机关、单位所确定国家秘密的变更和解除，由承担其职能的机关、单位负责，也可以由其上级机关、单位或者保密行政管理部门指定的机关、单位负责。

第18条 机关、单位发现本机关、本单位国家秘密的确定、变更和解除不当的，应当及时纠正；上级机关、单位发现下级机关、单位国家秘密的确定、变更和解除不当的，应当及时通知其纠正，也可以直接纠正。

第19条 机关、单位对符合保密法的规定，但保密事项范围没有规定的不明确事项，应当先行拟定密级、保密期限和知悉范围，采取相应的保密措施，并自拟定之日起10日内报有关部门确定。拟定为绝密级的事项和中央国家机关拟定的机密级、秘密级的事项，报国家保密行政管理部门确定；其他机关、单位拟定的机密级、秘密级的事项，报省、自治区、直辖市保密行政管理部门确定。

保密行政管理部门接到报告后，应当在 10 日内作出决定。省、自治区、直辖市保密行政管理部门还应当将所作决定及时报国家保密行政管理部门备案。

第 20 条　机关、单位对已定密事项是否属于国家秘密或者属于何种密级有不同意见的，可以向原定密机关、单位提出异议，由原定密机关、单位作出决定。

机关、单位对原定密机关、单位未予处理或者对作出的决定仍有异议的，按照下列规定办理：

（一）确定为绝密级的事项和中央国家机关确定的机密级、秘密级的事项，报国家保密行政管理部门确定。

（二）其他机关、单位确定的机密级、秘密级的事项，报省、自治区、直辖市保密行政管理部门确定；对省、自治区、直辖市保密行政管理部门作出的决定有异议的，可以报国家保密行政管理部门确定。

在原定密机关、单位或者保密行政管理部门作出决定前，对有关事项应当按照主张密级中的最高密级采取相应的保密措施。

● 部门规章及文件

2.《国家秘密鉴定工作规定》（2021 年 7 月 30 日）

第 6 条　国家秘密鉴定应当以保密法律法规、保密事项范围和国家秘密确定、变更、解除文件为依据。

第 20 条　国家秘密鉴定结论应当按照保密法律法规和保密事项范围等鉴定依据，在分析研判有关意见基础上，报保密行政管理部门负责人审批后作出。

第 27 条　国家秘密鉴定复核结论应当按照保密法律法规和

保密事项范围等鉴定依据，在分析研判原鉴定情况以及有关意见基础上，报国家保密行政管理部门主要负责人审批后作出。

国家保密行政管理部门的复核结论为最终结论。

3.《保密事项范围制定、修订和使用办法》（2017年3月9日）

第1章　总则

第1条　为规范国家秘密及其密级的具体范围（以下简称保密事项范围）的制定、修订和使用工作，根据《中华人民共和国保守国家秘密法》（以下简称保密法）及其实施条例，制定本办法。

第2条　保密事项范围由国家保密行政管理部门分别会同外交、公安、国家安全和其他中央有关机关制定、修订。

第3条　制定、修订保密事项范围应当从维护国家安全和利益出发，适应经济社会发展要求，以保密法确定的国家秘密基本范围为遵循，区分不同行业、领域，科学准确划定。

第4条　国家机关和涉及国家秘密的单位（以下简称机关、单位）应当严格依据保密事项范围，规范准确定密，不得比照类推、擅自扩大或者缩小国家秘密事项范围。

第5条　国家保密行政管理部门负责对保密事项范围制定、修订和使用工作进行指导监督。中央有关机关负责组织制定、修订本行业、本领域保密事项范围，并对使用工作进行指导监督。地方各级保密行政管理部门负责对本行政区域内机关、单位使用保密事项范围工作进行指导监督。

第2章　保密事项范围的形式、内容

第6条　保密事项范围名称为"××工作国家秘密范围的规定"，包括正文和目录。

第7条　正文应当以条款形式规定保密事项范围的制定依据，本行业、本领域国家秘密的基本范围，与其他保密事项范围的关系，解释机关和施行日期等内容。

第8条　目录作为规定的附件，名称为"××工作国家秘密目录"，应当以表格形式列明国家秘密具体事项及其密级、保密期限（解密时间或者解密条件）、产生层级、知悉范围等内容。

第9条　目录规定的国家秘密事项的密级应当为确定的密级。除解密时间和解密条件外，目录规定的保密期限应当为最长保密期限。国家秘密事项的产生层级能够明确的，知悉范围能够限定到机关、单位或者具体岗位的，目录应当作出列举。

对专业性强、弹性较大的条目或者名词，目录应当以备注形式作出说明。

第10条　保密事项范围内容属于国家秘密的，应当根据保密法有关规定确定密级和保密期限。

未经保密事项范围制定机关同意，机关、单位不得擅自公开或者对外提供保密事项范围。

第3章　保密事项范围的制定、修订程序

第11条　有下列情形的，中央有关机关应当与国家保密行政管理部门会商，组织制定或者修订保密事项范围：

（一）主管行业、领域经常产生国家秘密、尚未制定保密事项范围的；

（二）保密事项范围内容已不适应实际工作需要的；

（三）保密事项范围内容与法律法规规定不相符合的；

（四）因机构改革或者调整，影响保密事项范围适用的；

（五）其他应当制定或者修订的情形。

其他机关、单位认为有上述情形，需要制定、修订保密事项范围的，可以向国家保密行政管理部门或者中央有关机关提出建议。

第12条　保密事项范围由主管相关行业、领域工作的中央有关机关负责起草；涉及多个部门或者行业、领域的，由承担主要职能的中央有关机关牵头负责起草；不得委托社会中介机构及其他社会组织或者个人起草。

国家保密行政管理部门、中央有关机关应当定期对起草工作进行研究会商。

第 13 条　中央有关机关起草保密事项范围，应当进行调查研究，总结梳理本行业、本领域国家秘密事项，广泛征求有关机关、单位和相关领域专家意见。

第 14 条　中央有关机关完成起草工作后，应当将保密事项范围送审稿送国家保密行政管理部门审核，同时提交下列材料：

（一）保密事项范围送审稿的说明；

（二）有关机关、单位或者相关领域专家的意见；

（三）其他有关材料，主要包括所在行业、领域国家秘密事项总结梳理情况等。

第 15 条　国家保密行政管理部门对保密事项范围送审稿应当从以下方面进行审核：

（一）形式是否符合本办法规定；

（二）所列事项是否符合保密法关于国家秘密的规定；

（三）所列事项是否涵盖所在行业、领域国家秘密；

（四）所列事项是否属于法律法规要求公开或者其他不得确定为国家秘密的事项；

（五）所列事项表述是否准确、规范并具有可操作性；

（六）是否与其他保密事项范围协调、衔接；

（七）其他需要审核的内容。

国家保密行政管理部门可以组织有关专家对保密事项范围送审稿进行评议，听取意见。

第 16 条　国家保密行政管理部门审核认为保密事项范围送审稿需要作出修改的，应当与中央有关机关会商议定；需要进一步征求意见的，应当征求有关机关、单位意见；无需修改的，应当会同中央有关机关形成保密事项范围草案和草案说明，并启动会签程序。

第 17 条　保密事项范围应当由国家保密行政管理部门、中央有关机关主要负责人共同签署批准。

第18条　保密事项范围使用中央有关机关的发文字号印发。印发时，应当严格控制发放范围，并注明能否转发以及转发范围。

第4章　保密事项范围的使用

第19条　机关、单位定密应当符合保密事项范围目录的规定。

第20条　机关、单位依据保密事项范围目录定密，应当遵循下列要求：

（一）密级应当严格按照目录的规定确定，不得高于或者低于规定的密级；

（二）保密期限应当在目录规定的最长保密期限内合理确定，不得超出最长保密期限；目录明确规定解密条件或解密时间的，从其规定；

（三）知悉范围应当依据目录的规定，根据工作需要限定到具体人员；不能限定到具体人员的，应当限定到具体单位、部门或者岗位。

第21条　机关、单位可以依据本行业、本领域和相关行业、领域保密事项范围目录，整理制定国家秘密事项一览表（细目），详细列举本机关、本单位产生的国家秘密事项的具体内容、密级、保密期限（解密条件或者解密时间）、产生部门或者岗位、知悉人员以及载体形式等。

国家秘密事项一览表（细目），应当经本机关、本单位审定后实施，并报同级保密行政管理部门备案。

第22条　机关、单位对符合保密法规定，但保密事项范围正文和目录没有规定的不明确事项，应当按照保密法实施条例第十九条的规定办理。

第23条　保密行政管理部门进行密级鉴定，需要适用保密事项范围的，应当以保密事项范围的目录作为依据；直接适用正文的，应当征求制定保密事项范围的中央有关机关意见。

第 24 条　中央有关机关应当加强对本行业、本领域保密事项范围使用的教育培训，确保所在行业、领域准确理解保密事项范围的内容、使用要求。

机关、单位应当将保密事项范围的学习、使用纳入定密培训内容，确保定密责任人和承办人熟悉并准确掌握相关保密事项范围内容，严格依据保密事项范围定密。

第 25 条　保密行政管理部门应当加强对机关、单位使用保密事项范围情况的监督检查，发现保密事项范围使用不当的，应当及时通知机关、单位予以纠正。

第 5 章　保密事项范围的解释、清理

第 26 条　有下列情形的，中央有关机关应当会同国家保密行政管理部门对保密事项范围作出书面解释：

（一）目录内容需要明确具体含义的；

（二）有关事项在目录中没有规定但符合正文规定情形，需要明确适用条件、适用范围的；

（三）不同保密事项范围对同类事项规定不一致的；

（四）其他需要作出解释的情形。

保密事项范围的解释和保密事项范围具有同等效力。

第 27 条　机关、单位认为保密事项范围存在本办法第二十六条规定情形的，可以建议保密事项范围制定机关作出解释。

第 28 条　保密事项范围的解释参照制定、修订程序作出。除涉及特殊国家秘密事项、需控制知悉范围的，应当按照保密事项范围印发范围发放。

第 29 条　国家保密行政管理部门、中央有关机关应当每五年对保密事项范围及其解释进行一次清理，也可以根据工作需要适时组织清理，并作出继续有效、进行修订、宣布废止等处理；对属于国家秘密的保密事项范围及其解释，应当同时作出是否解

密的决定。

第 30 条　保密事项范围部分内容宣布废止、失效或者由其他保密事项范围替代的，不影响该保密事项范围其他部分的效力。

4. 《派生国家秘密定密管理暂行办法》（2023 年 4 月 1 日）

第 14 条　派生事项不是对已定密事项内容或者密点进行概括总结、编辑整合、具体细化的，不应当派生定密。该事项是否需要定密，应当依照保密法律法规和国家秘密及其密级具体范围（以下简称保密事项范围）判断。

第 15 条　派生事项既包括已定密事项内容或者密点，也包括有关行业、领域保密事项范围规定事项的，应当同时依据已定密事项和有关保密事项范围进行定密。密级、保密期限应当按照已定密事项和保密事项范围规定事项的最高密级、最长保密期限确定。知悉范围根据工作需要限定到最小范围。

5. 《国家秘密定密管理暂行规定》（2014 年 3 月 9 日）

第 10 条　授权机关收到定密授权申请后，应当依照保密法律法规和国家秘密及其密级的具体范围（以下简称保密事项范围）进行审查。对符合授权条件的，应当作出定密授权决定；对不符合授权条件的，应当作出不予授权的决定。

定密授权决定应当以书面形式作出，明确被授权机关、单位的名称和具体定密权限、事项范围、授权期限。

第 12 条　被授权机关、单位不再经常产生授权范围内的国家秘密事项，或者因保密事项范围调整授权事项不再作为国家秘密的，授权机关应当及时撤销定密授权。

因保密事项范围调整授权事项密级发生变化的，授权机关应当重新作出定密授权。

第 16 条　机关、单位定密责任人和承办人应当接受定密培训，熟悉定密职责和保密事项范围，掌握定密程序和方法。

第 18 条　机关、单位确定国家秘密应当依据保密事项范围进行。保密事项范围没有明确规定但属于保密法第九条、第十条规定情形的，应当确定为国家秘密。

第 22 条　机关、单位确定国家秘密，应当依照法定程序进行并作出书面记录，注明承办人、定密责任人和定密依据。

第 26 条　有下列情形之一的，机关、单位应当对所确定国家秘密事项的密级、保密期限或者知悉范围及时作出变更：

（一）定密时所依据的法律法规或者保密事项范围发生变化的；

（二）泄露后对国家安全和利益的损害程度发生明显变化的。

必要时，上级机关、单位或者业务主管部门可以直接变更下级机关、单位确定的国家秘密事项的密级、保密期限或者知悉范围。

第 27 条　机关、单位认为需要延长所确定国家秘密事项保密期限的，应当在保密期限届满前作出决定；延长保密期限使累计保密期限超过保密事项范围规定的，应当报规定该保密事项范围的中央有关机关批准，中央有关机关应当在接到报告后三十日内作出决定。

第十六条　定密责任人

机关、单位主要负责人及其指定的人员为定密责任人，负责本机关、本单位的国家秘密确定、变更和解除工作。

机关、单位确定、变更和解除本机关、本单位的国家秘密，应当由承办人提出具体意见，经定密责任人审核批准。

● 行政法规及文件

1.《保守国家秘密法实施条例》（2014 年 1 月 17 日）

第 9 条　机关、单位负责人为本机关、本单位的定密责任人，根据工作需要，可以指定其他人员为定密责任人。

专门负责定密的工作人员应当接受定密培训，熟悉定密职责和保密事项范围，掌握定密程序和方法。

● 部门规章及文件

2.《派生国家秘密定密管理暂行办法》（2023年4月1日）

第6条 机关、单位负责人及其指定的人员为本机关、本单位的派生定密责任人，履行派生国家秘密确定、变更和解除的责任。

第11条 派生国家秘密的确定应当按照国家秘密确定的法定程序进行。承办人依据已定密事项或者密点，拟定密级、保密期限和知悉范围，报定密责任人审核。定密责任人对承办人意见进行审核，作出决定。

派生定密应当作出书面记录，注明承办人、定密责任人和定密依据。定密依据应当写明依据的文件名称、文号、密级、保密期限等。

第13条 派生国家秘密的变更、解除程序应当履行国家秘密变更或者解除的法定程序。承办人依据已定密事项或者密点的变更、解除情况，提出派生国家秘密变更或者解除意见，报定密责任人审核批准，并作出书面记录。

书面记录应当注明承办人、定密责任人、已定密事项或者密点的变更或者解除情况，以及解密后作为工作秘密管理或者予以公开等。

第21条 机关、单位发现定密责任人和承办人定密不当，有下列情形之一的，应当及时纠正并进行批评教育；造成严重后果的，依规依纪依法给予处分：

（一）派生事项应当确定国家秘密而未确定的；

（二）派生事项不应当确定国家秘密而确定的；

（三）未按照法定程序派生定密的；

（四）未按规定标注派生国家秘密标志的；

（五）未按规定变更派生国家秘密的密级、保密期限、知悉范围的；

（六）派生国家秘密不应当解除而解除的；

（七）派生国家秘密应当解除而未解除的；

（八）违反本办法的其他情形。

3.《国家秘密定密管理暂行规定》（2014年3月9日）

第3条　机关、单位定密以及定密责任人的确定、定密授权和定密监督等工作，适用本规定。

4.《国家秘密解密暂行办法》（2020年6月28日）

第4条　机关、单位应当定期审核所确定的国家秘密，建立保密期限届满提醒制度，对所确定的国家秘密，在保密期限届满前，及时做好解密审核工作。

机关、单位应当建立健全与档案管理、信息公开相结合的解密审核工作机制，明确定密责任人职责和工作要求，做到对所确定的国家秘密保密期限届满前必审核、信息公开前必审核、移交各级国家档案馆前必审核。

第十七条　定密权限

确定国家秘密的密级，应当遵守定密权限。

中央国家机关、省级机关及其授权的机关、单位可以确定绝密级、机密级和秘密级国家秘密；设区的市级机关及其授权的机关、单位可以确定机密级和秘密级国家秘密；特殊情况下无法按照上述规定授权定密的，国家保密行政管理部门或者省、自治区、直辖市保密行政管理部门可以授予机关、单位定密权限。具体的定密权限、授权范围由国家保密行政管理部门规定。

下级机关、单位认为本机关、本单位产生的有关定密事项属于上级机关、单位的定密权限，应当先行采取保密措施，并立即报请上级机关、单位确定；没有上级机关、单位的，应当立即提请有相应定密权限的业务主管部门或者保密行政管理部门确定。

公安机关、国家安全机关在其工作范围内按照规定的权限确定国家秘密的密级。

● 行政法规及文件

1. 《保守国家秘密法实施条例》（2014年1月17日）

第11条 中央国家机关、省级机关以及设区的市、自治州级机关可以根据保密工作需要或者有关机关、单位的申请，在国家保密行政管理部门规定的定密权限、授权范围内作出定密授权。

定密授权应当以书面形式作出。授权机关应当对被授权机关、单位履行定密授权的情况进行监督。

中央国家机关、省级机关作出的授权，报国家保密行政管理部门备案；设区的市、自治州级机关作出的授权，报省、自治区、直辖市保密行政管理部门备案。

● 部门规章及文件

2. 《派生国家秘密定密管理暂行办法》（2023年4月1日）

第5条 机关、单位开展派生定密，不受定密权限限制。无法定定密权的机关、单位可以因执行或者办理已定密事项，派生国家秘密。具有较低定密权的机关、单位可以因执行或者办理较高密级的已定密事项，派生超出本机关、单位定密权限的国家秘密。

3. 《科学技术保密规定》（2015年11月16日）

第15条 机关、单位和个人产生需要确定为国家科学技术秘密的科学技术事项时，应当先行采取保密措施，并依照下列途径进行定密：

（一）属于本规定第十二条规定的机关、单位，根据定密权限自行定密；

（二）不属于本规定第十二条规定的机关、单位，向有相应定密权限的上级机关、单位提请定密；没有上级机关、单位的，向有相应定密权限的业务主管部门提请定密；没有业务主管部门的，向所在省、自治区、直辖市科学技术行政管理部门提请定密；

（三）个人完成的符合本规定第九条规定的科学技术成果，应当经过评价、检测并确定成熟、可靠后，向所在省、自治区、直辖市科学技术行政管理部门提请定密。

4.《国家秘密定密管理暂行规定》（2014年3月9日）

第7条 中央国家机关可以在主管业务工作范围内作出授予绝密级、机密级和秘密级国家秘密定密权的决定。省级机关可以在主管业务工作范围内或者本行政区域内作出授予绝密级、机密级和秘密级国家秘密定密权的决定。设区的市、自治州一级的机关可以在主管业务工作范围内或者本行政区域内作出授予机密级和秘密级国家秘密定密权的决定。

定密授权不得超出授权机关的定密权限。被授权机关、单位不得再行授权。

第8条 授权机关根据工作需要，可以对承担本机关定密权限内的涉密科研、生产或者其他涉密任务的机关、单位，就具体事项作出定密授权。

第9条 没有定密权但经常产生国家秘密事项的机关、单位，或者虽有定密权但经常产生超出其定密权限的国家秘密事项的机关、单位，可以向授权机关申请定密授权。

机关、单位申请定密授权，应当向其上级业务主管部门提出；没有上级业务主管部门的，应当向其上级机关提出。

机关、单位申请定密授权，应当书面说明拟申请的定密权限、事项范围、授权期限以及申请依据和理由。

第10条 授权机关收到定密授权申请后，应当依照保密法律法规和国家秘密及其密级的具体范围（以下简称保密事项范围）进行审查。对符合授权条件的，应当作出定密授权决定；对不符合授权条件的，应当作出不予授权的决定。

定密授权决定应当以书面形式作出，明确被授权机关、单位的名称和具体定密权限、事项范围、授权期限。

第14条 机关、单位负责人为本机关、本单位的定密责任人，对定密工作负总责。

根据工作需要，机关、单位负责人可以指定本机关、本单位其他负责人、内设机构负责人或者其他工作人员为定密责任人，并明确相应的定密权限。

机关、单位指定的定密责任人应当熟悉涉密业务工作，符合在涉密岗位工作的基本条件。

第15条 机关、单位应当在本机关、本单位内部公布定密责任人名单及其定密权限，并报同级保密行政管理部门备案。

第20条 机关、单位对所产生的国家秘密事项有定密权的，应当依法确定密级、保密期限和知悉范围。没有定密权的，应当先行采取保密措施，并立即报请有定密权的上级机关、单位确定；没有上级机关、单位的，应当立即提请有相应定密权限的业务主管部门或者保密行政管理部门确定。

机关、单位执行上级机关、单位或者办理其他机关、单位已定密事项所产生的国家秘密事项，根据所执行或者办理的国家秘密事项确定密级、保密期限和知悉范围。

第42条 定密责任人和承办人违反本规定，有下列行为之一的，机关、单位应当及时纠正并进行批评教育；造成严重后果的，依纪依法给予处分：

（一）应当确定国家秘密而未确定的；

（二）不应当确定国家秘密而确定的；

（三）超出定密权限定密的；

（四）未按照法定程序定密的；

（五）未按规定标注国家秘密标志的；

（六）未按规定变更国家秘密的密级、保密期限、知悉范围的；

（七）未按要求开展解密审核的；

（八）不应当解除国家秘密而解除的；

（九）应当解除国家秘密而未解除的；

（十）违反本规定的其他行为。

第十八条 派生定密

机关、单位执行上级确定的国家秘密事项或者办理其他机关、单位确定的国家秘密事项，需要派生定密的，应当根据所执行、办理的国家秘密事项的密级确定。

● 部门规章及文件

《派生国家秘密定密管理暂行办法》（2023年4月1日）

第1条 为规范派生国家秘密定密（以下简称派生定密）管理，根据《中华人民共和国保守国家秘密法》及其实施条例，制定本办法。

第2条 本办法适用于国家机关和涉及国家秘密的单位（以下简称机关、单位）开展派生定密的工作。

第3条 本办法所称派生定密，是指机关、单位对执行或者办理已定密事项所产生的国家秘密，依法确定、变更和解除的活动。

第 4 条　本办法所称保密要点（以下简称密点），是指决定一个事项具备国家秘密本质属性的关键内容，可以与非国家秘密以及其他密点明确区分。

第 5 条　机关、单位开展派生定密，不受定密权限限制。无法定定密权的机关、单位可以因执行或者办理已定密事项，派生国家秘密。具有较低定密权的机关、单位可以因执行或者办理较高密级的已定密事项，派生超出本机关、单位定密权限的国家秘密。

第 6 条　机关、单位负责人及其指定的人员为本机关、本单位的派生定密责任人，履行派生国家秘密确定、变更和解除的责任。

第 7 条　机关、单位因执行或者办理已定密事项而产生的事项（以下简称派生事项），符合下列情形之一的，应当确定为国家秘密：

（一）与已定密事项完全一致的；

（二）涉及已定密事项密点的；

（三）是对已定密事项进行概括总结、编辑整合、具体细化的；

（四）原定密机关、单位对使用已定密事项有明确定密要求的。

第 8 条　派生国家秘密的密级应当与已定密事项密级保持一致。已定密事项明确密点及其密级的，应当与所涉及密点的最高密级保持一致。

第 9 条　派生国家秘密的保密期限应当按照已定密事项的保密期限确定，或者与所涉及密点的最长保密期限保持一致。已定密事项未明确保密期限的，可以征求原定密机关、单位意见后确定并作出标注，或者按照保密法规定的最长保密期限执行。

第 10 条　派生国家秘密的知悉范围，应当根据工作需要确定，经本机关、本单位负责人批准。能够限定到具体人员的，限定到具体人员。

原定密机关、单位有明确规定的，应当遵守其规定。

第11条 派生国家秘密的确定应当按照国家秘密确定的法定程序进行。承办人依据已定密事项或者密点，拟定密级、保密期限和知悉范围，报定密责任人审核。定密责任人对承办人意见进行审核，作出决定。

派生定密应当作出书面记录，注明承办人、定密责任人和定密依据。定密依据应当写明依据的文件名称、文号、密级、保密期限等。

第12条 机关、单位所执行或者办理的已定密事项没有变更或者解密的，派生国家秘密不得变更或者解密；所执行或者办理的已定密事项已经变更或者解密的，派生国家秘密的密级、保密期限、知悉范围应当及时作出相应变更或者予以解密。

机关、单位认为所执行或者办理的已定密事项需要变更或者解密的，可以向原定密机关、单位或者其上级机关、单位提出建议。未经有关机关、单位同意，派生国家秘密不得擅自变更或者解密。

第13条 派生国家秘密的变更、解除程序应当履行国家秘密变更或者解除的法定程序。承办人依据已定密事项或者密点的变更、解除情况，提出派生国家秘密变更或者解除意见，报定密责任人审核批准，并作出书面记录。

书面记录应当注明承办人、定密责任人、已定密事项或者密点的变更或者解除情况，以及解密后作为工作秘密管理或者予以公开等。

第14条 派生事项不是对已定密事项内容或者密点进行概括总结、编辑整合、具体细化的，不应当派生定密。该事项是否需要定密，应当依照保密法律法规和国家秘密及其密级具体范围

（以下简称保密事项范围）判断。

第 15 条　派生事项既包括已定密事项内容或者密点，也包括有关行业、领域保密事项范围规定事项的，应当同时依据已定密事项和有关保密事项范围进行定密。密级、保密期限应当按照已定密事项和保密事项范围规定事项的最高密级、最长保密期限确定。知悉范围根据工作需要限定到最小范围。

第 16 条　原定密机关、单位应当准确确定并规范标注国家秘密的密级、保密期限和知悉范围。对涉密国家科学技术、涉密科研项目、涉密工程、涉密政府采购以及其他可以明确密点的，应当确定密点并作出标注；不能明确标注的，可以附件、附注等形式作出说明。对无法明确密点的，可以编制涉密版和非涉密版，或者对执行、办理环节是否涉及国家秘密、工作秘密等提出明确要求。

原定密机关、单位发现其他机关、单位执行或者办理本机关、本单位已定密事项存在派生定密不当情形的，应当及时要求纠正或者建议纠正，必要时提起保密行政管理部门通知纠正或者责令整改。

第 17 条　机关、单位对已定密事项是否已变更或者解除以及派生事项是否涉及密点等情况不明确的，可以向原定密机关、单位请示或者函询，原定密机关、单位应当及时予以答复。

第 18 条　机关、单位应当依法履行派生定密主体责任，加强对本机关、本单位派生定密的监督管理，发现存在派生定密不当情形的，应当及时纠正。

第 19 条　上级机关、单位应当加强对下级机关、单位派生定密的指导和监督，发现下级机关、单位派生定密不当的，应当及时通知其纠正，也可以直接纠正。

第 20 条　各级保密行政管理部门应当依法对机关、单位派生定密进行指导、监督和检查，对发现的问题及时通知纠正或者责令整改。

第 21 条 机关、单位发现定密责任人和承办人定密不当，有下列情形之一的，应当及时纠正并进行批评教育；造成严重后果的，依规依纪依法给予处分：

（一）派生事项应当确定国家秘密而未确定的；

（二）派生事项不应当确定国家秘密而确定的；

（三）未按照法定程序派生定密的；

（四）未按规定标注派生国家秘密标志的；

（五）未按规定变更派生国家秘密的密级、保密期限、知悉范围的；

（六）派生国家秘密不应当解除而解除的；

（七）派生国家秘密应当解除而未解除的；

（八）违反本办法的其他情形。

● 案例指引
上海某公司诉某市政府其他信息公开案①

案件要旨：根据保守国家秘密法"机关、单位执行上级确定的国家秘密事项，需要定密的，根据所执行的国家秘密事项的密级确定"的规定，上级机关、单位对某一事项已经定密的，机关、单位在执行时应按该事项已定密级确定，下级单位在贯彻上级文件过程中，再产生的涉密文件资料，应当按上级文件的密级确定同等密级，不能擅自改变密级。此外，如果机关、单位执行上级确定的国家秘密事项，需要定密的，其直接可以根据所执行的国家秘密事项的密级来确定，在本案中某市政府就是属于执行上级机关确定为秘密文件的主体。

---

① 参见《人民法院报》2012 年 7 月 19 日。

第十九条 机关、单位产生国家秘密事项时的处理

> 机关、单位对所产生的国家秘密事项,应当按照保密事项范围的规定确定密级,同时确定保密期限和知悉范围;有条件的可以标注密点。

● 行政法规及文件

1.《保守国家秘密法实施条例》(2014 年 1 月 17 日)

第 8 条 国家秘密及其密级的具体范围(以下称保密事项范围)应当明确规定国家秘密具体事项的名称、密级、保密期限、知悉范围。

保密事项范围应当根据情况变化及时调整。制定、修订保密事项范围应当充分论证,听取有关机关、单位和相关领域专家的意见。

第 10 条 定密责任人在职责范围内承担有关国家秘密确定、变更和解除工作。具体职责是:

(一)审核批准本机关、本单位产生的国家秘密的密级、保密期限和知悉范围;

(二)对本机关、本单位产生的尚在保密期限内的国家秘密进行审核,作出是否变更或者解除的决定;

(三)对是否属于国家秘密和属于何种密级不明确的事项先行拟定密级,并按照规定的程序报保密行政管理部门确定。

第 12 条 机关、单位应当在国家秘密产生的同时,由承办人依据有关保密事项范围拟定密级、保密期限和知悉范围,报定密责任人审核批准,并采取相应保密措施。

第 13 条 机关、单位对所产生的国家秘密,应当按照保密事项范围的规定确定具体的保密期限;保密事项范围没有规定具体保密期限的,可以根据工作需要,在保密法规定的保密期限内确定;不能确定保密期限的,应当确定解密条件。

国家秘密的保密期限，自标明的制发日起计算；不能标明制发日的，确定该国家秘密的机关、单位应当书面通知知悉范围内的机关、单位和人员，保密期限自通知之日起计算。

第15条 国家秘密载体以及属于国家秘密的设备、产品的明显部位应当标注国家秘密标志。国家秘密标志应当标注密级和保密期限。国家秘密的密级和保密期限发生变更的，应当及时对原国家秘密标志作出变更。

无法标注国家秘密标志的，确定该国家秘密的机关、单位应当书面通知知悉范围内的机关、单位和人员。

第16条 机关、单位对所产生的国家秘密，认为符合保密法有关解密或者延长保密期限规定的，应当及时解密或者延长保密期限。

机关、单位对不属于本机关、本单位产生的国家秘密，认为符合保密法有关解密或者延长保密期限规定的，可以向原定密机关、单位或者其上级机关、单位提出建议。

已经依法移交各级国家档案馆的属于国家秘密的档案，由原定密机关、单位按照国家有关规定进行解密审核。

第19条 机关、单位对符合保密法的规定，但保密事项范围没有规定的不明确事项，应当先行拟定密级、保密期限和知悉范围，采取相应的保密措施，并自拟定之日起10日内报有关部门确定。拟定为绝密级的事项和中央国家机关拟定的机密级、秘密级的事项，报国家保密行政管理部门确定；其他机关、单位拟定的机密级、秘密级的事项，报省、自治区、直辖市保密行政管理部门确定。

保密行政管理部门接到报告后，应当在10日内作出决定。省、自治区、直辖市保密行政管理部门还应当将所作决定及时报国家保密行政管理部门备案。

第21条 国家秘密载体管理应当遵守下列规定：

（一）制作国家秘密载体，应当由机关、单位或者经保密行政管理部门保密审查合格的单位承担，制作场所应当符合保密要求。

（二）收发国家秘密载体，应当履行清点、编号、登记、签收手续。

（三）传递国家秘密载体，应当通过机要交通、机要通信或者其他符合保密要求的方式进行。

（四）复制国家秘密载体或者摘录、引用、汇编属于国家秘密的内容，应当按照规定报批，不得擅自改变原件的密级、保密期限和知悉范围，复制件应当加盖复制机关、单位戳记，并视同原件进行管理。

（五）保存国家秘密载体的场所、设施、设备，应当符合国家保密要求。

（六）维修国家秘密载体，应当由本机关、本单位专门技术人员负责。确需外单位人员维修的，应当由本机关、本单位的人员现场监督；确需在本机关、本单位以外维修的，应当符合国家保密规定。

（七）携带国家秘密载体外出，应当符合国家保密规定，并采取可靠的保密措施；携带国家秘密载体出境的，应当按照国家保密规定办理批准和携带手续。

2.《国防专利条例》（2004 年 9 月 17 日）

第 6 条　国防专利在保护期内，因情况变化需要变更密级、解密或者国防专利权终止后需要延长保密期限的，国防专利机构可以作出变更密级、解密或者延长保密期限的决定；但是对在申请国防专利前已被确定为国家秘密的，应当征得原确定密级和保密期限的机关、单位或者其上级机关的同意。

被授予国防专利权的单位或者个人（以下统称国防专利权人）可以向国防专利机构提出变更密级、解密或者延长保密期限的书面申请；属于国有企业事业单位或者军队单位的，应当附送原确定密级和保密期限的机关、单位或者其上级机关的意见。

国防专利机构应当将变更密级、解密或者延长保密期限的决定，在该机构出版的《国防专利内部通报》上刊登，并通知国防专利权人，同时将解密的国防专利报送国务院专利行政部门转为普通专利。国务院专利行政部门应当及时将解密的国防专利向社会公告。

第28条　国防专利机构出版的《国防专利内部通报》属于国家秘密文件，其知悉范围由国防专利机构确定。

《国防专利内部通报》刊登下列内容：

（一）国防专利申请中记载的著录事项；

（二）国防专利的权利要求书；

（三）发明说明书的摘要；

（四）国防专利权的授予；

（五）国防专利权的终止；

（六）国防专利权的无效宣告；

（七）国防专利申请权、国防专利权的转移；

（八）国防专利的指定实施；

（九）国防专利实施许可合同的备案；

（十）国防专利的变更密级、解密；

（十一）国防专利保密期限的延长；

（十二）国防专利权人的姓名或者名称、地址的变更；

（十三）其他有关事项。

第二十条　保密期限

国家秘密的保密期限，应当根据事项的性质和特点，按照维护国家安全和利益的需要，限定在必要的期限内；不能确定期限的，应当确定解密的条件。

国家秘密的保密期限，除另有规定外，绝密级不超过三十年，机密级不超过二十年，秘密级不超过十年。

机关、单位应当根据工作需要，确定具体的保密期限、解密时间或者解密条件。

　　机关、单位对在决定和处理有关事项工作过程中确定需要保密的事项，根据工作需要决定公开的，正式公布时即视为解密。

● **行政法规及文件**

1. 《保守国家秘密法实施条例》（2014年1月17日）

　　第13条　机关、单位对所产生的国家秘密，应当按照保密事项范围的规定确定具体的保密期限；保密事项范围没有规定具体保密期限的，可以根据工作需要，在保密法规定的保密期限内确定；不能确定保密期限的，应当确定解密条件。

　　国家秘密的保密期限，自标明的制发日起计算；不能标明制发日的，确定该国家秘密的机关、单位应当书面通知知悉范围内的机关、单位和人员，保密期限自通知之日起计算。

　　第16条　机关、单位对所产生的国家秘密，认为符合保密法有关解密或者延长保密期限规定的，应当及时解密或者延长保密期限。

　　机关、单位对不属于本机关、本单位产生的国家秘密，认为符合保密法有关解密或者延长保密期限规定的，可以向原定密机关、单位或者其上级机关、单位提出建议。

　　已经依法移交各级国家档案馆的属于国家秘密的档案，由原定密机关、单位按照国家有关规定进行解密审核。

● **部门规章及文件**

2. 《国家秘密解密暂行办法》（2020年6月28日）

　　第1章　总则

　　第1条　为了做好国家秘密解密工作（以下简称解密工作），

推动解密工作规范化，根据《中华人民共和国保守国家秘密法》（以下简称保密法）及其实施条例、《国家秘密定密管理暂行规定》，制定本办法。

第 2 条　国家机关和涉及国家秘密的单位（以下简称机关、单位）的解密工作适用本办法。

第 3 条　机关、单位应当依法开展解密工作，做到依据充分、程序规范、及时稳妥，既确保国家秘密安全，又便利信息资源合理利用。

第 4 条　机关、单位应当定期审核所确定的国家秘密，建立保密期限届满提醒制度，对所确定的国家秘密，在保密期限届满前，及时做好解密审核工作。

机关、单位应当建立健全与档案管理、信息公开相结合的解密审核工作机制，明确定密责任人职责和工作要求，做到对所确定的国家秘密保密期限届满前必审核、信息公开前必审核、移交各级国家档案馆前必审核。

第 5 条　中央和国家机关在其职权范围内依法对本系统、本行业的解密工作进行指导和监督，对发现的问题及时予以纠正。

第 6 条　保密行政管理部门依法对机关、单位的解密工作进行指导、监督和检查，对发现的问题及时通知纠正。

第 2 章　解密主体

第 7 条　国家秘密解密由确定该事项为国家秘密的机关、单位（以下简称原定密机关、单位）负责。其他机关、单位可以向原定密机关、单位提出解密建议。

原定密机关、单位被撤销或者合并的，由承担其职能或者合并后的机关、单位负责解密。没有相应机关、单位的，由原定密机关、单位的上级机关、单位或者同级保密行政管理部门指定的机关、单位负责解密。

第 8 条　多个机关、单位共同确定的国家秘密，由牵头负责的机关、单位或者文件制发机关、单位负责解密，同时征求其他相关机关、单位的意见。

（决策）议事协调机构、临时性工作机构确定的国家秘密，由承担该机构日常工作的机关、单位，或者牵头成立该机构的机关、单位负责解密。

第9条　下级机关、单位产生的国家秘密，以上级机关、单位名义制发的，由上级机关、单位负责解密。下级机关、单位可以就该国家秘密提出解密建议。

上级机关、单位或者业务主管部门发现下级机关、单位确定的国家秘密应当解密的，可以通知下级机关、单位解密或者直接予以解密。

第10条　对拟移交各级国家档案馆的属于国家秘密的档案，机关、单位应当按照本办法做好解密审核工作。

对已经依法移交到各级国家档案馆的属于国家秘密档案的解密工作，按照国家有关规定执行。

第3章　解密条件

第11条　明确标注保密期限、解密时间或者解密条件的国家秘密，保密期限已满、解密时间已到或者符合解密条件，且未延长保密期限的，自行解密；解密时间为保密期限届满、解密时间到达或者解密条件达成之时。未明确标注保密期限、解密时间或者解密条件，且未就保密期限作出书面通知的，保密期限按照绝密级三十年、机密级二十年、秘密级十年执行。国家另有规定的，从其规定。

第12条　国家秘密的保密期限尚未届满、解密时间尚未到达或者解密条件尚未达成，经审核认为符合下列情形之一的，应当及时解密：

（一）保密法律法规或者保密事项范围调整后，有关事项不再属于国家秘密的；

（二）定密时的形势、条件发生变化，有关事项公开后不会损害国家安全和利益、不需要继续保密的；或者根据现行法律、法规和国家有关规定，有关事项应予公开、需要社会公众广泛知晓或者参与的。

符合上述情形国家秘密的解密时间为该事项公开之日或者解密通知注明之日。

第13条 机关、单位因执行或者办理已定密事项而产生的国家秘密，所执行或者办理的国家秘密解密的，由此产生的国家秘密应当解密。

第14条 机关、单位经审核认为，国家秘密部分内容符合本办法第十二条、第十三条规定情形，确有必要对该部分内容解密且不影响其他内容继续保密的，可以进行部分解密。

第15条 保密事项范围明确规定保密期限为长期的国家秘密，不得擅自解密。机关、单位经审核认为确需解密的，应当报规定该保密事项范围的中央和国家机关批准。

第16条 国家秘密尚未解密的，该国家秘密产生过程中形成的相关涉密事项不得解密。原定密机关、单位认为该相关事项符合解密条件，确有必要解密且解密后不影响国家秘密保密的可以解密。

国家秘密已经解密，但该国家秘密产生过程中形成的相关涉密事项泄露后会损害国家安全和利益的，该相关事项不得解密。

第4章 解密程序

第17条 国家秘密保密期限届满前，原定密机关、单位应当依法对其进行审核，并履行下列程序：

（一）拟办。承办人依据本办法第十二条、第十三条规定，对某一具体的国家秘密是否解密、何时解密、全部解密或者部分解密、解密后是否作为工作秘密、能否公开等提出意见，作出书面记录（参见附件1），报定密责任人审核。

（二）审定。定密责任人对承办人意见进行审核，作出决定，签署具体意见。机关、单位可以根据工作需要，在定密责任人审核之前增设其他审核把关、论证评估程序。

（三）通知。定密责任人作出解密决定后，机关、单位应当书面通知知悉范围内的机关、单位或者人员，对是否解密，以及解密后作为工作秘密或者予以公开等情况作出说明。解密通知可以单独发布或者以目录形式集中发布。

审核记录应当归档备查。

第 18 条　国家秘密解密后正式公布的，机关、单位可以不作书面通知。

第 19 条　只标注密级没有标注保密期限的国家秘密，经审核决定按原密级继续保密或者决定变更密级后继续保密的，机关、单位应当按照国家秘密变更程序重新确定保密期限、解密时间或者解密条件，并在书面通知中说明该保密期限、解密时间或者解密条件的起算时间。没有说明起算时间的，自通知印发之日起计算。

延长保密期限使累计保密期限超过保密事项范围规定的，应当报制定该保密事项范围的中央和国家机关批准，中央和国家机关应当在接到报告后三十日内作出决定。

第 20 条　对涉密程度高、涉及面广、内容复杂的国家秘密，机关、单位可以就解密事宜组织论证、评估，提出意见建议，供定密责任人参考。

论证、评估意见应当记入解密审核记录，或者作为解密审核记录附件一并归档保存。

第 21 条　国家秘密有关内容涉及其他机关、单位的，应当就解密事宜征求其他机关、单位的意见。

征求意见情况应当记入解密审核记录，或者作为解密审核记录附件一并归档保存。

第 22 条　国家秘密产生过程中形成的相关涉密事项应当与国家秘密一并进行解密审核，同时作出书面记录。

第 5 章　解密后管理

第 23 条　国家秘密解密后，原定密机关、单位，使用以及保管该事项的机关、单位或者人员，应当在原国家秘密标志附近作出相应标志（参见附件 2）。无法作出相应标志的，应当以其他方式对解密情况作出说明。

第 24 条　机关、单位可以建立已解密事项统一发布或者查阅平台，在适当范围内集中发布已解密事项目录或者内容。

第 25 条　国家秘密事项已解密，但符合工作秘密条件的，应当确定为工作秘密，未经原定密机关、单位同意不得擅自公开。

机关、单位公开已解密事项，应当履行相关审查程序；公开已解密事项，不得保留国家秘密标志。涉密档案资料公开形式按照国家有关规定办理。

第 26 条　机关、单位应当将本机关、本单位解密情况纳入国家秘密事项统计范围，每年向同级保密行政管理部门报告。

下一级保密行政管理部门应当将本行政区域年度解密工作情况纳入定密工作情况报告范围，每年向上一级保密行政管理部门报告。

● 司法解释及文件

3.《人民法院公文处理办法》（2012 年 11 月 16 日）

第 31 条　公文确定密级前，应当按照拟定的密级先行采取保密措施。确定密级后，应当按照所定密级严格管理。绝密级公文应当由专人管理。

公文的保密期限已满的，自行解密。公文的密级需要变更或者解除的，由原确定密级的机关或者其上级机关决定。

第 32 条　人民法院的公文印发传达范围应当按照发文机关

的要求执行；需要变更的，应当经发文机关批准。

涉密公文公开发布前应当履行解密程序。公开发布的时间、形式和渠道，由发文机关确定。

经批准公开发布的公文，同发文机关正式印发的公文具有同等效力。

第二十一条 知悉范围的确定

国家秘密的知悉范围，应当根据工作需要限定在最小范围。

国家秘密的知悉范围能够限定到具体人员的，限定到具体人员；不能限定到具体人员的，限定到机关、单位，由该机关、单位限定到具体人员。

国家秘密的知悉范围以外的人员，因工作需要知悉国家秘密的，应当经过机关、单位主要负责人或者其指定的人员批准。原定密机关、单位对扩大国家秘密的知悉范围有明确规定的，应当遵守其规定。

● 行政法规及文件

1.《保守国家秘密法实施条例》（2014年1月17日）

第8条 国家秘密及其密级的具体范围（以下称保密事项范围）应当明确规定国家秘密具体事项的名称、密级、保密期限、知悉范围。

保密事项范围应当根据情况变化及时调整。制定、修订保密事项范围应当充分论证，听取有关机关、单位和相关领域专家的意见。

第10条 定密责任人在职责范围内承担有关国家秘密确定、变更和解除工作。具体职责是：

（一）审核批准本机关、本单位产生的国家秘密的密级、保密期限和知悉范围；

（二）对本机关、本单位产生的尚在保密期限内的国家秘密进行审核，作出是否变更或者解除的决定；

（三）对是否属于国家秘密和属于何种密级不明确的事项先行拟定密级，并按照规定的程序报保密行政管理部门确定。

第12条　机关、单位应当在国家秘密产生的同时，由承办人依据有关保密事项范围拟定密级、保密期限和知悉范围，报定密责任人审核批准，并采取相应保密措施。

第13条　机关、单位对所产生的国家秘密，应当按照保密事项范围的规定确定具体的保密期限；保密事项范围没有规定具体保密期限的，可以根据工作需要，在保密法规定的保密期限内确定；不能确定保密期限的，应当确定解密条件。

国家秘密的保密期限，自标明的制发日起计算；不能标明制发日的，确定该国家秘密的机关、单位应当书面通知知悉范围内的机关、单位和人员，保密期限自通知之日起计算。

第15条　国家秘密载体以及属于国家秘密的设备、产品的明显部位应当标注国家秘密标志。国家秘密标志应当标注密级和保密期限。国家秘密的密级和保密期限发生变更的，应当及时对原国家秘密标志作出变更。

无法标注国家秘密标志的，确定该国家秘密的机关、单位应当书面通知知悉范围内的机关、单位和人员。

第16条　机关、单位对所产生的国家秘密，认为符合保密法有关解密或者延长保密期限规定的，应当及时解密或者延长保密期限。

机关、单位对不属于本机关、本单位产生的国家秘密，认为符合保密法有关解密或者延长保密期限规定的，可以向原定密机关、单位或者其上级机关、单位提出建议。

已经依法移交各级国家档案馆的属于国家秘密的档案，由原定密机关、单位按照国家有关规定进行解密审核。

第19条 机关、单位对符合保密法的规定，但保密事项范围没有规定的不明确事项，应当先行拟定密级、保密期限和知悉范围，采取相应的保密措施，并自拟定之日起10日内报有关部门确定。拟定为绝密级的事项和中央国家机关拟定的机密级、秘密级的事项，报国家保密行政管理部门确定；其他机关、单位拟定的机密级、秘密级的事项，报省、自治区、直辖市保密行政管理部门确定。

保密行政管理部门接到报告后，应当在10日内作出决定。省、自治区、直辖市保密行政管理部门还应当将所作决定及时报国家保密行政管理部门备案。

第21条 国家秘密载体管理应当遵守下列规定：

（一）制作国家秘密载体，应当由机关、单位或者经保密行政管理部门保密审查合格的单位承担，制作场所应当符合保密要求。

（二）收发国家秘密载体，应当履行清点、编号、登记、签收手续。

（三）传递国家秘密载体，应当通过机要交通、机要通信或者其他符合保密要求的方式进行。

（四）复制国家秘密载体或者摘录、引用、汇编属于国家秘密的内容，应当按照规定报批，不得擅自改变原件的密级、保密期限和知悉范围，复制件应当加盖复制机关、单位戳记，并视同原件进行管理。

（五）保存国家秘密载体的场所、设施、设备，应当符合国家保密要求。

（六）维修国家秘密载体，应当由本机关、本单位专门技术人员负责。确需外单位人员维修的，应当由本机关、本单位的人员现场监督；确需在本机关、本单位以外维修的，应当符合国家保密规定。

（七）携带国家秘密载体外出，应当符合国家保密规定，并采取可靠的保密措施；携带国家秘密载体出境的，应当按照国家保密规定办理批准和携带手续。

2.《国防专利条例》（2004 年 9 月 17 日）

第 28 条 国防专利机构出版的《国防专利内部通报》属于国家秘密文件，其知悉范围由国防专利机构确定。

《国防专利内部通报》刊登下列内容：

（一）国防专利申请中记载的著录事项；

（二）国防专利的权利要求书；

（三）发明说明书的摘要；

（四）国防专利权的授予；

（五）国防专利权的终止；

（六）国防专利权的无效宣告；

（七）国防专利申请权、国防专利权的转移；

（八）国防专利的指定实施；

（九）国防专利实施许可合同的备案；

（十）国防专利的变更密级、解密；

（十一）国防专利保密期限的延长；

（十二）国防专利权人的姓名或者名称、地址的变更；

（十三）其他有关事项。

3.《科学数据管理办法》（2018 年 3 月 17 日）

第 25 条 涉及国家秘密、国家安全、社会公共利益、商业秘密和个人隐私的科学数据，不得对外开放共享；确需对外开放的，要对利用目的、用户资质、保密条件等进行审查，并严格控制知悉范围。

第二十二条 国家秘密标志

机关、单位对承载国家秘密的纸介质、光介质、电磁介质等载体（以下简称国家秘密载体）以及属于国家秘密的设备、产品，应当作出国家秘密标志。

涉及国家秘密的电子文件应当按照国家有关规定作出国家秘密标志。

不属于国家秘密的，不得作出国家秘密标志。

● 行政法规及文件

1. 《保守国家秘密法实施条例》（2014 年 1 月 17 日）

第 15 条 国家秘密载体以及属于国家秘密的设备、产品的明显部位应当标注国家秘密标志。国家秘密标志应当标注密级和保密期限。国家秘密的密级和保密期限发生变更的，应当及时对原国家秘密标志作出变更。

无法标注国家秘密标志的，确定该国家秘密的机关、单位应当书面通知知悉范围内的机关、单位和人员。

第 21 条 国家秘密载体管理应当遵守下列规定：

（一）制作国家秘密载体，应当由机关、单位或者经保密行政管理部门保密审查合格的单位承担，制作场所应当符合保密要求。

（二）收发国家秘密载体，应当履行清点、编号、登记、签收手续。

（三）传递国家秘密载体，应当通过机要交通、机要通信或者其他符合保密要求的方式进行。

（四）复制国家秘密载体或者摘录、引用、汇编属于国家秘密的内容，应当按照规定报批，不得擅自改变原件的密级、保密期限和知悉范围，复制件应当加盖复制机关、单位戳记，并视同原件进行管理。

（五）保存国家秘密载体的场所、设施、设备，应当符合国家保密要求。

（六）维修国家秘密载体，应当由本机关、本单位专门技术人员负责。确需外单位人员维修的，应当由本机关、本单位的人员现场监督；确需在本机关、本单位以外维修的，应当符合国家保密规定。

（七）携带国家秘密载体外出，应当符合国家保密规定，并采取可靠的保密措施；携带国家秘密载体出境的，应当按照国家保密规定办理批准和携带手续。

● 部门规章及文件

2.《派生国家秘密定密管理暂行办法》（2023 年 4 月 1 日）

第 21 条 机关、单位发现定密责任人和承办人定密不当，有下列情形之一的，应当及时纠正并进行批评教育；造成严重后果的，依规依纪依法给予处分：

（一）派生事项应当确定国家秘密而未确定的；

（二）派生事项不应当确定国家秘密而确定的；

（三）未按照法定程序派生定密的；

（四）未按规定标注派生国家秘密标志的；

（五）未按规定变更派生国家秘密的密级、保密期限、知悉范围的；

（六）派生国家秘密不应当解除而解除的；

（七）派生国家秘密应当解除而未解除的；

（八）违反本办法的其他情形。

3.《国家秘密定密管理暂行规定》（2014 年 3 月 9 日）

第 24 条 国家秘密一经确定，应当同时在国家秘密载体上作出国家秘密标志。国家秘密标志形式为"密级★保密期限"、"密级★解密时间"或者"密级★解密条件"。

在纸介质和电子文件国家秘密载体上作出国家秘密标志的，应当符合有关国家标准。没有国家标准的，应当标注在封面左上角或者标题下方的显著位置。光介质、电磁介质等国家秘密载体和属于国家秘密的设备、产品的国家秘密标志，应当标注在壳体及封面、外包装的显著位置。

国家秘密标志应当与载体不可分离，明显并易于识别。

无法作出或者不宜作出国家秘密标志的，确定该国家秘密的机关、单位应当书面通知知悉范围内的机关、单位或者人员。凡未标明保密期限或者解密条件，且未作书面通知的国家秘密事项，其保密期限按照绝密级事项三十年、机密级事项二十年、秘密级事项十年执行。

第29条　国家秘密变更按照国家秘密确定程序进行并作出书面记录。

国家秘密变更后，原定密机关、单位应当及时在原国家秘密标志附近重新作出国家秘密标志。

第30条　机关、单位变更国家秘密的密级、保密期限或者知悉范围的，应当书面通知知悉范围内的机关、单位或者人员。有关机关、单位或者人员接到通知后，应当在国家秘密标志附近标明变更后的密级、保密期限和知悉范围。

延长保密期限的书面通知，应当于原定保密期限届满前送达知悉范围内的机关、单位或者人员。

第34条　除自行解密的外，国家秘密解除应当按照国家秘密确定程序进行并作出书面记录。

国家秘密解除后，有关机关、单位或者人员应当及时在原国家秘密标志附近作出解密标志。

第36条　机关、单位对所产生的国家秘密事项，解密之后需要公开的，应当依照信息公开程序进行保密审查。

机关、单位对已解密的不属于本机关、本单位产生的国家秘密事项，需要公开的，应当经原定密机关、单位同意。

机关、单位公开已解密的文件资料，不得保留国家秘密标志。对国家秘密标志以及属于敏感信息的内容，应当作删除、遮盖等处理。

第 42 条　定密责任人和承办人违反本规定，有下列行为之一的，机关、单位应当及时纠正并进行批评教育；造成严重后果的，依纪依法给予处分：

（一）应当确定国家秘密而未确定的；

（二）不应当确定国家秘密而确定的；

（三）超出定密权限定密的；

（四）未按照法定程序定密的；

（五）未按规定标注国家秘密标志的；

（六）未按规定变更国家秘密的密级、保密期限、知悉范围的；

（七）未按要求开展解密审核的；

（八）不应当解除国家秘密而解除的；

（九）应当解除国家秘密而未解除的；

（十）违反本规定的其他行为。

4.《国家秘密解密暂行办法》（2020 年 6 月 28 日）

第 23 条　国家秘密解密后，原定密机关、单位，使用以及保管该事项的机关、单位或者人员，应当在原国家秘密标志附近作出相应标志（参见附件 2）。无法作出相应标志的，应当以其他方式对解密情况作出说明。

第 25 条　国家秘密事项已解密，但符合工作秘密条件的，应当确定为工作秘密，未经原定密机关、单位同意不得擅自公开。

机关、单位公开已解密事项，应当履行相关审查程序；公开已解密事项，不得保留国家秘密标志。涉密档案资料公开形式按照国家有关规定办理。

第二十三条 密级、保密期限、知悉范围的变更

国家秘密的密级、保密期限和知悉范围,应当根据情况变化及时变更。国家秘密的密级、保密期限和知悉范围的变更,由原定密机关、单位决定,也可以由其上级机关决定。

国家秘密的密级、保密期限和知悉范围变更的,应当及时书面通知知悉范围内的机关、单位或者人员。

● 行政法规及文件

1.《保守国家秘密法实施条例》(2014年1月17日)

第8条 国家秘密及其密级的具体范围(以下称保密事项范围)应当明确规定国家秘密具体事项的名称、密级、保密期限、知悉范围。

保密事项范围应当根据情况变化及时调整。制定、修订保密事项范围应当充分论证,听取有关机关、单位和相关领域专家的意见。

第10条 定密责任人在职责范围内承担有关国家秘密确定、变更和解除工作。具体职责是:

(一)审核批准本机关、本单位产生的国家秘密的密级、保密期限和知悉范围;

(二)对本机关、本单位产生的尚在保密期限内的国家秘密进行审核,作出是否变更或者解除的决定;

(三)对是否属于国家秘密和属于何种密级不明确的事项先行拟定密级,并按照规定的程序报保密行政管理部门确定。

第12条 机关、单位应当在国家秘密产生的同时,由承办人依据有关保密事项范围拟定密级、保密期限和知悉范围,报定密责任人审核批准,并采取相应保密措施。

第13条 机关、单位对所产生的国家秘密,应当按照保密事项范围的规定确定具体的保密期限;保密事项范围没有规定具体保密期限的,可以根据工作需要,在保密法规定的保密期限内

确定；不能确定保密期限的，应当确定解密条件。

国家秘密的保密期限，自标明的制发日起计算；不能标明制发日的，确定该国家秘密的机关、单位应当书面通知知悉范围内的机关、单位和人员，保密期限自通知之日起计算。

第15条 国家秘密载体以及属于国家秘密的设备、产品的明显部位应当标注国家秘密标志。国家秘密标志应当标注密级和保密期限。国家秘密的密级和保密期限发生变更的，应当及时对原国家秘密标志作出变更。

无法标注国家秘密标志的，确定该国家秘密的机关、单位应当书面通知知悉范围内的机关、单位和人员。

第16条 机关、单位对所产生的国家秘密，认为符合保密法有关解密或者延长保密期限规定的，应当及时解密或者延长保密期限。

机关、单位对不属于本机关、本单位产生的国家秘密，认为符合保密法有关解密或者延长保密期限规定的，可以向原定密机关、单位或者其上级机关、单位提出建议。

已经依法移交各级国家档案馆的属于国家秘密的档案，由原定密机关、单位按照国家有关规定进行解密审核。

第19条 机关、单位对符合保密法的规定，但保密事项范围没有规定的不明确事项，应当先行拟定密级、保密期限和知悉范围，采取相应的保密措施，并自拟定之日起10日内报有关部门确定。拟定为绝密级的事项和中央国家机关拟定的机密级、秘密级的事项，报国家保密行政管理部门确定；其他机关、单位拟定的机密级、秘密级的事项，报省、自治区、直辖市保密行政管理部门确定。

保密行政管理部门接到报告后，应当在10日内作出决定。省、自治区、直辖市保密行政管理部门还应当将所作决定及时报国家保密行政管理部门备案。

第21条　国家秘密载体管理应当遵守下列规定：

（一）制作国家秘密载体，应当由机关、单位或者经保密行政管理部门保密审查合格的单位承担，制作场所应当符合保密要求。

（二）收发国家秘密载体，应当履行清点、编号、登记、签收手续。

（三）传递国家秘密载体，应当通过机要交通、机要通信或者其他符合保密要求的方式进行。

（四）复制国家秘密载体或者摘录、引用、汇编属于国家秘密的内容，应当按照规定报批，不得擅自改变原件的密级、保密期限和知悉范围，复制件应当加盖复制机关、单位戳记，并视同原件进行管理。

（五）保存国家秘密载体的场所、设施、设备，应当符合国家保密要求。

（六）维修国家秘密载体，应当由本机关、本单位专门技术人员负责。确需外单位人员维修的，应当由本机关、本单位的人员现场监督；确需在本机关、本单位以外维修的，应当符合国家保密规定。

（七）携带国家秘密载体外出，应当符合国家保密规定，并采取可靠的保密措施；携带国家秘密载体出境的，应当按照国家保密规定办理批准和携带手续。

2.《国防专利条例》（2004年9月17日）

第28条　国防专利机构出版的《国防专利内部通报》属于国家秘密文件，其知悉范围由国防专利机构确定。

《国防专利内部通报》刊登下列内容：

（一）国防专利申请中记载的著录事项；

（二）国防专利的权利要求书；

（三）发明说明书的摘要；

(四) 国防专利权的授予；

(五) 国防专利权的终止；

(六) 国防专利权的无效宣告；

(七) 国防专利申请权、国防专利权的转移；

(八) 国防专利的指定实施；

(九) 国防专利实施许可合同的备案；

(十) 国防专利的变更密级、解密；

(十一) 国防专利保密期限的延长；

(十二) 国防专利权人的姓名或者名称、地址的变更；

(十三) 其他有关事项。

3.《科学数据管理办法》（2018年3月17日）

第25条 涉及国家秘密、国家安全、社会公共利益、商业秘密和个人隐私的科学数据，不得对外开放共享；确需对外开放的，要对利用目的、用户资质、保密条件等进行审查，并严格控制知悉范围。

> **第二十四条 解密**
>
> 机关、单位应当每年审核所确定的国家秘密。
>
> 国家秘密的保密期限已满的，自行解密。在保密期限内因保密事项范围调整不再作为国家秘密，或者公开后不会损害国家安全和利益，不需要继续保密的，应当及时解密；需要延长保密期限的，应当在原保密期限届满前重新确定密级、保密期限和知悉范围。提前解密或者延长保密期限的，由原定密机关、单位决定，也可以由其上级机关决定。

● 部门规章及文件

1.《国家秘密解密暂行办法》（2020年6月28日）

第11条 明确标注保密期限、解密时间或者解密条件的国家秘密，保密期限已满、解密时间已到或者符合解密条件，且未延长保密期限的，自行解密；解密时间为保密期限届满、解密时间到达或者解密条件达成之时。未明确标注保密期限、解密时间或者解密条件，且未就保密期限作出书面通知的，保密期限按照绝密级三十年、机密级二十年、秘密级十年执行。国家另有规定的，从其规定。

2. 《国家秘密定密管理暂行规定》（2014 年 3 月 9 日）

第 32 条　国家秘密的具体保密期限已满、解密时间已到或者符合解密条件的，自行解密。

● 司法解释及文件

3. 《人民法院公文处理办法》（2012 年 11 月 16 日）

第 31 条　公文确定密级前，应当按照拟定的密级先行采取保密措施。确定密级后，应当按照所定密级严格管理。绝密级公文应当由专人管理。

公文的保密期限已满的，自行解密。公文的密级需要变更或者解除的，由原确定密级的机关或者其上级机关决定。

第二十五条　国家秘密事项及密级争议的处理

机关、单位对是否属于国家秘密或者属于何种密级不明确或者有争议的，由国家保密行政管理部门或者省、自治区、直辖市保密行政管理部门按照国家保密规定确定。

● 行政法规及文件

《保守国家秘密法实施条例》（2014 年 1 月 17 日）

第 10 条　定密责任人在职责范围内承担有关国家秘密确定、变更和解除工作。具体职责是：

（一）审核批准本机关、本单位产生的国家秘密的密级、保密期限和知悉范围；

（二）对本机关、本单位产生的尚在保密期限内的国家秘密进行审核，作出是否变更或者解除的决定；

（三）对是否属于国家秘密和属于何种密级不明确的事项先行拟定密级，并按照规定的程序报保密行政管理部门确定。

第三章　保密制度

第二十六条　国家秘密载体

> 国家秘密载体的制作、收发、传递、使用、复制、保存、维修和销毁，应当符合国家保密规定。
>
> 绝密级国家秘密载体应当在符合国家保密标准的设施、设备中保存，并指定专人管理；未经原定密机关、单位或者其上级机关批准，不得复制和摘抄；收发、传递和外出携带，应当指定人员负责，并采取必要的安全措施。

● 行政法规及文件

1. 《保守国家秘密法实施条例》（2014年1月17日）

第21条　国家秘密载体管理应当遵守下列规定：

（一）制作国家秘密载体，应当由机关、单位或者经保密行政管理部门保密审查合格的单位承担，制作场所应当符合保密要求。

（二）收发国家秘密载体，应当履行清点、编号、登记、签收手续。

（三）传递国家秘密载体，应当通过机要交通、机要通信或者其他符合保密要求的方式进行。

（四）复制国家秘密载体或者摘录、引用、汇编属于国家秘密的内容，应当按照规定报批，不得擅自改变原件的密级、保密期限和知悉范围，复制件应当加盖复制机关、单位戳记，并视同原件进行管理。

（五）保存国家秘密载体的场所、设施、设备，应当符合国家保密要求。

（六）维修国家秘密载体，应当由本机关、本单位专门技术人员负责。确需外单位人员维修的，应当由本机关、本单位的人员现场监督；确需在本机关、本单位以外维修的，应当符合国家保密规定。

（七）携带国家秘密载体外出，应当符合国家保密规定，并采取可靠的保密措施；携带国家秘密载体出境的，应当按照国家保密规定办理批准和携带手续。

第22条　销毁国家秘密载体应当符合国家保密规定和标准，确保销毁的国家秘密信息无法还原。

销毁国家秘密载体应当履行清点、登记、审批手续，并送交保密行政管理部门设立的销毁工作机构或者保密行政管理部门指定的单位销毁。机关、单位确因工作需要，自行销毁少量国家秘密载体的，应当使用符合国家保密标准的销毁设备和方法。

第28条　企业事业单位从事国家秘密载体制作、复制、维修、销毁，涉密信息系统集成或者武器装备科研生产等涉及国家秘密的业务（以下简称涉密业务），应当由保密行政管理部门或者保密行政管理部门会同有关部门进行保密审查。保密审查不合格的，不得从事涉密业务。

● 部门规章及文件

2.《国家秘密载体印制资质管理办法》（2020 年 12 月 22 日）

第6条　国家保密行政管理部门主管全国涉密印制资质管理工作，省级保密行政管理部门主管本行政区域内涉密印制资质管理工作。

省级以上保密行政管理部门根据工作需要，可以委托下一级保密行政管理部门开展审查工作，或者组织机构协助开展工作。

第 7 条　省级以上保密行政管理部门应当指定专门机构承担保密资质管理日常工作。

第 8 条　省级以上保密行政管理部门建立保密资质审查专家库，组织开展入库审查、培训考核等工作。

第 9 条　实施涉密印制资质许可不收取任何费用，所需经费纳入同级财政预算。

第 2 章　等级与条件

第 10 条　涉密印制资质分为甲级和乙级两个等级。

甲级资质单位可以从事绝密级、机密级、秘密级涉密印制业务；乙级资质单位可以从事机密级、秘密级涉密印制业务。

第 11 条　涉密印制资质包括涉密文件资料、国家统一考试试卷、涉密防伪票据证书、涉密光电磁介质、涉密档案数字化加工，以及国家保密行政管理部门许可的其他涉密印制业务。

资质单位应当在保密行政管理部门许可的业务种类范围内承接涉密印制业务。

第 12 条　申请单位应当具备以下基本条件：

（一）在中华人民共和国境内注册的法人，从事印制业务三年以上，甲级资质申请单位还应当具备相应乙级资质三年以上；

（二）无犯罪记录且近三年内未被吊销保密资质（资格），法定代表人、主要负责人、实际控制人未被列入失信人员名单；

（三）法定代表人、主要负责人、实际控制人、董（监）事会人员、高级管理人员以及从事涉密印制业务人员具有中华人民共和国国籍，无境外永久居留权或者长期居留许可，与境外人员无婚姻关系，国家另有规定的除外；

（四）具有从事涉密印制业务的专业能力；

（五）法律、行政法规和国家保密行政管理部门规定的其他条件。

第13条　申请单位应当具备以下保密条件：

（一）有专门机构或者人员负责保密工作；

（二）保密制度完善；

（三）从事涉密印制业务的人员经过保密教育培训，具备必要的保密知识和技能；

（四）用于涉密印制业务的场所、设施、设备符合国家保密规定和标准；

（五）有专门的保密工作经费；

（六）法律、行政法规和国家保密行政管理部门规定的其他保密条件。

第14条　申请涉密文件资料、涉密光电磁介质、涉密档案数字化加工资质的单位不得有外国投资者投资。在新三板挂牌的企业申请资质以及资质有效期内的，还应当符合以下条件：

（一）参与挂牌交易的股份比例不高于总股本的30%；

（二）实际控制人在申请期间及资质有效期内保持控制地位不变。

第15条　申请国家统一考试试卷、涉密防伪票据证书资质的单位不得由外国投资者控股。

第16条　申请单位应当建立完善的内部管理和信息披露制度，未经国务院有关主管部门或者省级人民政府有关主管部门批准，外国投资者不得接触、知悉国家秘密信息。

第17条　申请单位申请不同等级和业务种类的涉密印制资质，应当符合涉密印制资质具体条件的要求。

第3章　申请、受理、审查与决定

第18条　申请甲级资质的，应当向国家保密行政管理部门提出申请；申请乙级资质的，应当向注册地的省级保密行政管理部门提出申请。申请单位应当提交以下材料：

（一）《国家秘密载体印制资质申请书》（以下简称申请书）；

89

（二）企业营业执照或者事业单位法人证书；

（三）在登记机关备案的章程；

（四）从事印刷、复制等经营活动的许可证明；

（五）法定代表人、主要负责人、实际控制人、董（监）事会人员、高级管理人员以及从事涉密印制业务的其他人员情况；

（六）资本结构和股权情况；

（七）上一年度企业年度报告；

（八）生产经营和办公场所的产权证书或者租赁合同；

（九）近三年印制业务合同清单；

（十）涉密印制业务设备、场所和保密设施、设备情况；

（十一）基本管理制度、保密制度以及保密体系运行情况。

申请书及相关材料不得涉及国家秘密，申请单位应当对申请材料的真实性和完整性负责。

第19条 保密行政管理部门收到申请材料后，应当在五日内完成审查。申请材料齐全且符合法定形式的，应当受理并发出受理通知书；申请材料不齐全或者不符合法定形式的，应当一次告知申请单位十五日内补正材料；逾期未告知申请单位补正的，自收到申请材料之日起即为受理。申请单位十五日内不予补正的，视为放弃本次行政许可申请。

第20条 资质审查分为书面审查、现场审查。确有需要的，可以组织专家开展评审。

第21条 对作出受理决定的，保密行政管理部门应当对提交的申请材料进行书面审查。

第22条 对书面审查合格的单位，保密行政管理部门应当指派两名以上工作人员，并可以结合工作实际指派一名以上审查专家，依据涉密印制资质审查细则和评分标准，对保密制度、保密工作机构、保密监督管理、涉密人员管理、保密技术防护以及从事涉密印制业务的专业能力等情况进行现场审查。

涉密印制资质审查细则和评分标准由国家保密行政管理部门另行规定。

第23条　现场审查应当按照以下程序进行：

（一）提前五日以传真、电子邮件等形式书面通知申请单位现场审查时间；

（二）听取申请单位情况汇报和对有关事项的说明；

（三）审查有关材料；

（四）与主要负责人、保密工作负责人及有关人员谈话了解情况；

（五）组织涉密人员进行保密知识测试；

（六）对涉密场所、涉密设备等进行实地查看；

（七）汇总现场审查情况，形成现场审查报告；

（八）通报审查情况，申请单位法定代表人或者主要负责人在现场审查报告上签字确认。

第24条　申请单位具有下列情形之一的，保密行政管理部门应当终止审查：

（一）隐瞒有关情况或者提供虚假材料的；

（二）采取贿赂、请托等不正当手段，影响审查工作公平公正进行的；

（三）无正当理由拒绝按通知时间接受现场审查的；

（四）现场审查中发现不符合评分标准基本项的；

（五）其他违反保密法律法规的行为。

第25条　申请单位书面审查、现场审查合格的，保密行政管理部门应当准予行政许可。

申请单位具有下列情形之一的，保密行政管理部门应当作出不予行政许可的书面决定，说明理由并告知申请单位相关权利。

（一）书面审查不合格的；

（二）现场审查不合格的；

(三）终止审查的；

(四）法律、行政法规规定的不予行政许可的其他情形。

第26条　保密行政管理部门应当自受理申请之日起二十日内，对申请单位作出准予行政许可或者不予行政许可的决定。二十日内不能作出决定的，经本行政机关负责人批准，可以延长十日，并应当将延长期限的理由告知申请单位。

保密行政管理部门组织开展专家评审、鉴定所需时间不计入行政许可期限。

第27条　保密行政管理部门作出准予行政许可的决定的，自作出决定之日起十日内向申请单位颁发《国家秘密载体印制资质证书》（以下简称《资质证书》）。

第28条　《资质证书》有效期为五年，分为正本和副本，正本和副本具有同等法律效力。样式由国家保密行政管理部门统一制作，主要包括以下内容：

(一）单位名称；

(二）法定代表人；

(三）注册地址；

(四）证书编号；

(五）资质等级；

(六）业务种类；

(七）发证机关；

(八）有效期和发证日期。

第29条　《资质证书》有效期满，需要继续从事涉密印制业务的，应当在有效期届满三个月前向保密行政管理部门提出延续申请，保密行政管理部门应当按照本办法有关规定开展审查，申请单位未按规定期限提出延续申请的，视为重新申请。

有效期届满且未准予延续前，不得签订新的涉密印制业务合同。对于已经签订合同但未完成的涉密业务，在确保安全保密的条件下可以继续完成。

第 30 条 省级保密行政管理部门应当将许可的乙级资质单位报国家保密行政管理部门备案。

准予行政许可和注销、吊销、撤销以及暂停资质的决定，由作出决定的保密行政管理部门在一定范围内予以发布。

第 4 章 监督与管理

第 31 条 省级以上保密行政管理部门应当加强对下一级保密行政管理部门以及协助开展审查工作的专门机构的监督检查，及时纠正资质管理中的违法违规行为。

第 32 条 保密行政管理部门应当开展"双随机"抽查、飞行检查等形式的保密检查，对资质单位从事涉密印制业务和保密管理情况进行监督。

第 33 条 机关、单位委托资质单位印制国家秘密载体，应当查验其《资质证书》，出具委托证明，签订保密协议，提出保密要求，督促落实保密措施。

资质单位应当查验、收取委托方的委托证明，并进行登记。没有委托证明的，资质单位不得承接。

第 34 条 资质单位与其他单位合作开展涉密印制业务的，合作单位应当具有相应的涉密印制资质且取得委托方书面同意。

资质单位不得将涉密印制业务分包或者转包给无相应涉密资质的单位。

第 35 条 乙级资质单位拟在注册地的省级行政区域外承接涉密印制业务的，应当向业务所在地的省级保密行政管理部门备案，接受保密监督管理。

第 36 条 资质单位实行年度自检制度，应当于每年 3 月 31 日前向作出准予行政许可决定的保密行政管理部门报送上一年度自检报告。

第 37 条 资质单位下列事项发生变更的，应当在变更前向保密行政管理部门书面报告：

（一）注册资本或者股权结构；

（二）控股股东或者实际控制人；

（三）单位性质或者隶属关系；

（四）用于涉密印制业务的场所。

保密行政管理部门应当对资质单位变更事项进行书面审查。通过审查的，资质单位应当按照审定事项实施变更，并在变更完成后十日内提交情况报告。

对影响或者可能影响国家安全的外商投资，应当按照外商投资安全审查制度进行安全审查。

资质单位发生控股股东或者实际控制人、单位性质或者隶属关系、用于涉密印制业务的场所等事项变更的，保密行政管理部门应当组织现场审查。

第38条　资质单位下列事项发生变更的，应当在变更后十日内向保密行政管理部门书面报告：

（一）单位名称；

（二）注册地址或者经营地址；

（三）经营范围；

（四）法定代表人、董（监）事会人员或者高级管理人员。

资质单位变更完成需换发《资质证书》的，由保密行政管理部门审核后重新颁发。

第39条　保密行政管理部门在现场审查、保密检查过程中，发现申请单位或者资质单位存在涉嫌泄露国家秘密的案件线索，应当根据工作需要，按照泄密案件管辖权限，经保密行政管理部门负责人批准，由具备执法资格的人员对有关设施、设备、载体等采取登记保存措施，依法开展调查工作。

保密行政管理部门调查结束后，认定申请单位或者资质单位存在违反保密法律法规事实的，违法行为发生地的保密行政管理部门应当按照本办法作出处理，并将违法事实、处理结果抄告受理申请或者准予行政许可的保密行政管理部门。

第 40 条　有下列情形之一的，作出准予行政许可决定的保密行政管理部门或者其上级保密行政管理部门，依据职权可以撤销行政许可：

（一）保密行政管理部门滥用职权、玩忽职守作出准予行政许可决定的；

（二）超越法定职权作出准予行政许可决定的；

（三）违反法定程序作出准予行政许可决定的；

（四）对不具备申请资格或者不符合法定条件的申请单位准予行政许可的；

（五）依法可以撤销行政许可的其他情形。

资质单位采取欺骗、贿赂等不正当手段取得资质的，保密行政管理部门应当撤销其资质，停止其涉密业务。自撤销之日起，三年内不得再次申请。

第 41 条　资质单位具有下列情形之一的，作出准予行政许可决定的保密行政管理部门应当注销其资质：

（一）《资质证书》有效期届满未延续的；

（二）法人资格依法终止的；

（三）主动申请注销资质的；

（四）行政许可依法被撤销、撤回，或者行政许可证件依法被吊销的；

（五）因不可抗力导致行政许可事项无法实施的；

（六）法律、行政法规规定的应当注销资质的其他情形。

第 42 条　申请单位或者资质单位对保密行政管理部门作出的决定不服的，可以依法申请行政复议或者提起行政诉讼。

第 5 章　法律责任

第 43 条　资质单位违反本办法的，依照本办法有关规定处理；构成犯罪的，依法追究刑事责任。

第44条 资质单位具有下列情形之一的，保密行政管理部门应当责令其在二十日内完成整改，逾期不改或者整改后仍不符合要求的，给予六个月以上十二个月以下暂停资质的处罚：

（一）未经委托方书面同意，擅自与其他涉密印制资质单位合作开展涉密印制业务的；

（二）超出行政许可的业务种类范围承接涉密印制业务的；

（三）发生需要报告的事项，未及时报告的；

（四）未按本办法提交年度自检报告的；

（五）不符合其他保密管理规定，存在泄密隐患的。

第45条 资质单位不再符合申请条件，或者具有下列情形之一的，保密行政管理部门应当吊销其资质，停止其涉密业务：

（一）涂改、出卖、出租、出借《资质证书》，或者以其他方式伪造、非法转让《资质证书》的；

（二）将涉密印制业务分包或者转包给无相应涉密资质单位的；

（三）发现国家秘密已经泄露或者可能泄露，未按法定时限报告的；

（四）拒绝接受保密检查的；

（五）资质暂停期间，承接新的涉密印制业务的；

（六）资质暂停期满，仍不符合保密管理规定的；

（七）发生泄密案件的；

（八）其他违反保密法律法规的行为。

第46条 申请单位隐瞒有关情况或者提供虚假材料的，保密行政管理部门应当作出不予受理或者不予行政许可的决定。自不予受理或者不予许可之日起，一年内不得再次申请。

第47条 未经保密行政管理部门许可的单位从事涉密印制业务的，由保密行政管理部门责令停止违法行为，非法获取、持有的国家秘密载体，应当予以收缴；有违法所得的，由市场监督管理部门没收违法所得；构成犯罪的，依法追究刑事责任。

第48条　机关、单位委托未经保密行政管理部门许可的单位从事涉密印制业务的，应当由有关机关、单位对直接负责的主管人员和其他直接责任人员依法给予处分；构成犯罪的，依法追究刑事责任。

第49条　保密行政管理部门及其工作人员未依法履行职责，或者滥用职权、玩忽职守、徇私舞弊的，对直接负责的主管人员和其他直接责任人员依法给予政务处分；构成犯罪的，依法追究刑事责任。

第二十七条　属于国家秘密的设备、产品

属于国家秘密的设备、产品的研制、生产、运输、使用、保存、维修和销毁，应当符合国家保密规定。

● 行政法规及文件

1. 《保守国家秘密法实施条例》（2014年1月17日）

第15条　国家秘密载体以及属于国家秘密的设备、产品的明显部位应当标注国家秘密标志。国家秘密标志应当标注密级和保密期限。国家秘密的密级和保密期限发生变更的，应当及时对原国家秘密标志作出变更。

无法标注国家秘密标志的，确定该国家秘密的机关、单位应当书面通知知悉范围内的机关、单位和人员。

● 部门规章及文件

2. 《国家秘密定密管理暂行规定》（2014年3月9日）

第24条　国家秘密一经确定，应当同时在国家秘密载体上作出国家秘密标志。国家秘密标志形式为"密级★保密期限"、"密级★解密时间"或者"密级★解密条件"。

在纸介质和电子文件国家秘密载体上作出国家秘密标志的，应当符合有关国家标准。没有国家标准的，应当标注在封面左上角或者标题下方的显著位置。光介质、电磁介质等国家秘密载体和属于国家秘密的设备、产品的国家秘密标志，应当标注在壳体及封面、外包装的显著位置。

国家秘密标志应当与载体不可分离，明显并易于识别。

无法作出或者不宜作出国家秘密标志的，确定该国家秘密的机关、单位应当书面通知知悉范围内的机关、单位或者人员。凡未标明保密期限或者解密条件，且未作书面通知的国家秘密事项，其保密期限按照绝密级事项三十年、机密级事项二十年、秘密级事项十年执行。

3.《安全生产工作国家秘密定密管理暂行办法》（2014年8月29日）

第24条 国家秘密一经确定，应当同时在国家秘密载体上作出国家秘密标志。国家秘密标志形式为"密级★保密期限"、"密级★解密时间"或者"密级★解密条件"。

在纸介质和电子文件国家秘密载体上作出国家秘密标志的，应当符合有关国家标准。没有国家标准的，应当标注在封面左上角或者标题下方的显著位置。光介质、电磁介质等国家秘密载体和属于国家秘密的设备、产品的国家秘密标志，应当标注在壳体及封面、外包装的显著位置。

国家秘密标志应当与载体不可分离，明显并易于识别。

无法作出或者不宜作出国家秘密标志的，确定该国家秘密的单位应当书面通知知悉范围内的单位或者人员。凡未标明保密期限或者解密条件，且未作书面通知的国家秘密事项，其保密期限按照绝密级事项三十年、机密级事项二十年、秘密级事项十年执行。

第二十八条　国家秘密载体管理中的禁止性行为

机关、单位应当加强对国家秘密载体的管理，任何组织和个人不得有下列行为：

（一）非法获取、持有国家秘密载体；

（二）买卖、转送或者私自销毁国家秘密载体；

（三）通过普通邮政、快递等无保密措施的渠道传递国家秘密载体；

（四）寄递、托运国家秘密载体出境；

（五）未经有关主管部门批准，携带、传递国家秘密载体出境；

（六）其他违反国家秘密载体保密规定的行为。

● 行政法规及文件

1. 《保守国家秘密法实施条例》（2014年1月17日）

第21条　国家秘密载体管理应当遵守下列规定：

（一）制作国家秘密载体，应当由机关、单位或者经保密行政管理部门保密审查合格的单位承担，制作场所应当符合保密要求。

（二）收发国家秘密载体，应当履行清点、编号、登记、签收手续。

（三）传递国家秘密载体，应当通过机要交通、机要通信或者其他符合保密要求的方式进行。

（四）复制国家秘密载体或者摘录、引用、汇编属于国家秘密的内容，应当按照规定报批，不得擅自改变原件的密级、保密期限和知悉范围，复制件应当加盖复制机关、单位戳记，并视同原件进行管理。

（五）保存国家秘密载体的场所、设施、设备，应当符合国家保密要求。

（六）维修国家秘密载体，应当由本机关、本单位专门技术人员负责。确需外单位人员维修的，应当由本机关、本单位的人员现场监督；确需在本机关、本单位以外维修的，应当符合国家保密规定。

（七）携带国家秘密载体外出，应当符合国家保密规定，并采取可靠的保密措施；携带国家秘密载体出境的，应当按照国家保密规定办理批准和携带手续。

第22条　销毁国家秘密载体应当符合国家保密规定和标准，确保销毁的国家秘密信息无法还原。

销毁国家秘密载体应当履行清点、登记、审批手续，并送交保密行政管理部门设立的销毁工作机构或者保密行政管理部门指定的单位销毁。机关、单位确因工作需要，自行销毁少量国家秘密载体的，应当使用符合国家保密标准的销毁设备和方法。

第23条　涉密信息系统按照涉密程度分为绝密级、机密级、秘密级。机关、单位应当根据涉密信息系统存储、处理信息的最高密级确定系统的密级，按照分级保护要求采取相应的安全保密防护措施。

第24条　涉密信息系统应当由国家保密行政管理部门设立或者授权的保密测评机构进行检测评估，并经设区的市、自治州级以上保密行政管理部门审查合格，方可投入使用。

公安、国家安全机关的涉密信息系统投入使用的管理办法，由国家保密行政管理部门会同国务院公安、国家安全部门另行规定。

第25条　机关、单位应当加强涉密信息系统的运行使用管理，指定专门机构或者人员负责运行维护、安全保密管理和安全审计，定期开展安全保密检查和风险评估。

涉密信息系统的密级、主要业务应用、使用范围和使用环境等发生变化或者涉密信息系统不再使用的，应当按照国家保密规定及时向保密行政管理部门报告，并采取相应措施。

第 26 条 机关、单位采购涉及国家秘密的工程、货物和服务的，应当根据国家保密规定确定密级，并符合国家保密规定和标准。机关、单位应当对提供工程、货物和服务的单位提出保密管理要求，并与其签订保密协议。

政府采购监督管理部门、保密行政管理部门应当依法加强对涉及国家秘密的工程、货物和服务采购的监督管理。

第 27 条 举办会议或者其他活动涉及国家秘密的，主办单位应当采取下列保密措施：

（一）根据会议、活动的内容确定密级，制定保密方案，限定参加人员范围；

（二）使用符合国家保密规定和标准的场所、设施、设备；

（三）按照国家保密规定管理国家秘密载体；

（四）对参加人员提出具体保密要求。

第 28 条 企业事业单位从事国家秘密载体制作、复制、维修、销毁，涉密信息系统集成或者武器装备科研生产等涉及国家秘密的业务（以下简称涉密业务），应当由保密行政管理部门或者保密行政管理部门会同有关部门进行保密审查。保密审查不合格的，不得从事涉密业务。

第 29 条 从事涉密业务的企业事业单位应当具备下列条件：

（一）在中华人民共和国境内依法成立 3 年以上的法人，无违法犯罪记录；

（二）从事涉密业务的人员具有中华人民共和国国籍；

（三）保密制度完善，有专门的机构或者人员负责保密工作；

（四）用于涉密业务的场所、设施、设备符合国家保密规定和标准；

（五）具有从事涉密业务的专业能力；

（六）法律、行政法规和国家保密行政管理部门规定的其他条件。

第30条　涉密人员的分类管理、任（聘）用审查、脱密期管理、权益保障等具体办法，由国家保密行政管理部门会同国务院有关主管部门制定。

● 部门规章及文件

2.《国家秘密载体印制资质管理办法》(2020年12月22日)

第27条　保密行政管理部门作出准予行政许可的决定的，自作出决定之日起十日内向申请单位颁发《国家秘密载体印制资质证书》（以下简称《资质证书》）。

第33条　机关、单位委托资质单位印制国家秘密载体，应当查验其《资质证书》，出具委托证明，签订保密协议，提出保密要求，督促落实保密措施。

资质单位应当查验、收取委托方的委托证明，并进行登记。没有委托证明的，资质单位不得承接。

第47条　未经保密行政管理部门许可的单位从事涉密印制业务的，由保密行政管理部门责令停止违法行为，非法获取、持有的国家秘密载体，应当予以收缴；有违法所得的，由市场监督管理部门没收违法所得；构成犯罪的，依法追究刑事责任。

第二十九条　禁止非法复制、记录、储存、传递国家秘密

禁止非法复制、记录、存储国家秘密。

禁止未按照国家保密规定和标准采取有效保密措施，在互联网及其他公共信息网络或者有线和无线通信中传递国家秘密。

禁止在私人交往和通信中涉及国家秘密。

● 部门规章及文件

1.《泄密案件查处办法》(2017年12月29日)

第5条　存在下列情形之一的，按泄露国家秘密处理：

（一）属于国家秘密的文件资料或者其他物品下落不明的，自发现之日起，绝密级10日内，机密级、秘密级60日内查无下落的；

（二）未采取符合国家保密规定或者标准的保密措施，在互联网及其他公共信息网络、有线和无线通信中传递国家秘密的；

（三）使用连接互联网或者其他公共信息网络的计算机、移动存储介质等信息设备存储、处理国家秘密，且该信息设备被远程控制的。

2.《医师资格考试违纪违规处理规定》（2014年8月10日）

第12条 命审题人员有下列行为之一的，国家医学考试中心或者中医师资格认证中心应当停止其参加命审题工作，视情节轻重作出或者建议其所在单位给予相应处分，并调离命审题工作岗位：

（一）非法获取、持有国家秘密载体的；

（二）买卖、转送或者私自销毁国家秘密载体的；

（三）通过普通邮政、快递等无保密措施的渠道传递国家秘密载体的；

（四）邮寄、托运国家秘密载体出境，或者未经有关主管部门批准，携带、传递国家秘密载体出境的；

（五）非法复制、记录、存储国家秘密的；

（六）在私人交往和通信中泄露国家秘密的；

（七）在互联网及其他公共信息网络或者未采取保密措施的有线和无线通信中传递国家秘密的；

（八）将涉密计算机、涉密存储设备接入互联网及其他公共信息网络的；

（九）在涉密信息系统与互联网及其他公共信息网络之间进行信息交换的；

（十）使用非涉密计算机、非涉密存储设备存储、处理国家秘密信息的；

（十一）擅自卸载、修改涉密信息系统的安全技术程序、管理程序的；

（十二）将未经安全技术处理的退出使用的涉密计算机、涉密存储设备赠送、出售、丢弃或者改作其他用途的；

（十三）参与和医师资格考试有关的培训工作的；

（十四）未经国家医学考试中心或者中医师资格认证中心批准，在聘用期内参与编写、出版医师资格考试辅导用书和相关资料的。

第三十条 涉密信息系统保密管理

存储、处理国家秘密的计算机信息系统（以下简称涉密信息系统）按照涉密程度实行分级保护。

涉密信息系统应当按照国家保密规定和标准规划、建设、运行、维护，并配备保密设施、设备。保密设施、设备应当与涉密信息系统同步规划、同步建设、同步运行。

涉密信息系统应当按照规定，经检查合格后，方可投入使用，并定期开展风险评估。

● 行政法规及文件

1.《保守国家秘密法实施条例》（2014年1月17日）

第23条 涉密信息系统按照涉密程度分为绝密级、机密级、秘密级。机关、单位应当根据涉密信息系统存储、处理信息的最高密级确定系统的密级，按照分级保护要求采取相应的安全保密防护措施。

第24条 涉密信息系统应当由国家保密行政管理部门设立或者授权的保密测评机构进行检测评估，并经设区的市、自治州级以上保密行政管理部门审查合格，方可投入使用。

公安、国家安全机关的涉密信息系统投入使用的管理办法，由国家保密行政管理部门会同国务院公安、国家安全部门另行规定。

第 25 条 机关、单位应当加强涉密信息系统的运行使用管理，指定专门机构或者人员负责运行维护、安全保密管理和安全审计，定期开展安全保密检查和风险评估。

涉密信息系统的密级、主要业务应用、使用范围和使用环境等发生变化或者涉密信息系统不再使用的，应当按照国家保密规定及时向保密行政管理部门报告，并采取相应措施。

第 26 条 机关、单位采购涉及国家秘密的工程、货物和服务的，应当根据国家保密规定确定密级，并符合国家保密规定和标准。机关、单位应当对提供工程、货物和服务的单位提出保密管理要求，并与其签订保密协议。

政府采购监督管理部门、保密行政管理部门应当依法加强对涉及国家秘密的工程、货物和服务采购的监督管理。

第 27 条 举办会议或者其他活动涉及国家秘密的，主办单位应当采取下列保密措施：

（一）根据会议、活动的内容确定密级，制定保密方案，限定参加人员范围；

（二）使用符合国家保密规定和标准的场所、设施、设备；

（三）按照国家保密规定管理国家秘密载体；

（四）对参加人员提出具体保密要求。

第 28 条 企业事业单位从事国家秘密载体制作、复制、维修、销毁，涉密信息系统集成或者武器装备科研生产等涉及国家秘密的业务（以下简称涉密业务），应当由保密行政管理部门或者保密行政管理部门会同有关部门进行保密审查。保密审查不合格的，不得从事涉密业务。

2.《国家政务信息化项目建设管理办法》（2019 年 12 月 30 日）

第 13 条 项目建设单位应当确定项目实施机构和项目责任人，建立健全项目管理制度，加强对项目全过程的统筹协调，强化信息共享和业务协同，并严格执行招标投标、政府采购、工程监理、合同管理等制度。招标采购涉密信息系统的，还应当执行保密有关法律法规规定。

第三十一条　涉密信息系统保密管理中的禁止性行为

机关、单位应当加强对信息系统、信息设备的保密管理，建设保密自监管设施，及时发现并处置安全保密风险隐患。任何组织和个人不得有下列行为：

（一）未按照国家保密规定和标准采取有效保密措施，将涉密信息系统、涉密信息设备接入互联网及其他公共信息网络；

（二）未按照国家保密规定和标准采取有效保密措施，在涉密信息系统、涉密信息设备与互联网及其他公共信息网络之间进行信息交换；

（三）使用非涉密信息系统、非涉密信息设备存储或者处理国家秘密；

（四）擅自卸载、修改涉密信息系统的安全技术程序、管理程序；

（五）将未经安全技术处理的退出使用的涉密信息设备赠送、出售、丢弃或者改作其他用途；

（六）其他违反信息系统、信息设备保密规定的行为。

● 法　律

1.《核安全法》（2017年9月1日）

第38条　核设施营运单位和其他有关单位持有核材料，应当按照规定的条件依法取得许可，并采取下列措施，防止核材料被盗、破坏、丢失、非法转让和使用，保障核材料的安全与合法利用：

（一）建立专职机构或者指定专人保管核材料；

（二）建立核材料衡算制度，保持核材料收支平衡；

（三）建立与核材料保护等级相适应的实物保护系统；

（四）建立信息保密制度，采取保密措施；

（五）法律、行政法规规定的其他措施。

2. 《生物安全法》（2020年10月17日）

第86条 生物安全信息属于国家秘密的，应当依照《中华人民共和国保守国家秘密法》和国家其他有关保密规定实施保密管理。

● 行政法规及文件

3. 《保守国家秘密法实施条例》（2014年1月17日）

第25条 机关、单位应当加强涉密信息系统的运行使用管理，指定专门机构或者人员负责运行维护、安全保密管理和安全审计，定期开展安全保密检查和风险评估。

涉密信息系统的密级、主要业务应用、使用范围和使用环境等发生变化或者涉密信息系统不再使用的，应当按照国家保密规定及时向保密行政管理部门报告，并采取相应措施。

第26条 机关、单位采购涉及国家秘密的工程、货物和服务的，应当根据国家保密规定确定密级，并符合国家保密规定和标准。机关、单位应当对提供工程、货物和服务的单位提出保密管理要求，并与其签订保密协议。

政府采购监督管理部门、保密行政管理部门应当依法加强对涉及国家秘密的工程、货物和服务采购的监督管理。

第32条 保密行政管理部门依法对机关、单位执行保密法律法规的下列情况进行检查：

（一）保密工作责任制落实情况；

（二）保密制度建设情况；

（三）保密宣传教育培训情况；

（四）涉密人员管理情况；

（五）国家秘密确定、变更和解除情况；

（六）国家秘密载体管理情况；

（七）信息系统和信息设备保密管理情况；

（八）互联网使用保密管理情况；

（九）保密技术防护设施设备配备使用情况；

（十）涉密场所及保密要害部门、部位管理情况；

（十一）涉密会议、活动管理情况；

（十二）信息公开保密审查情况。

第41条 经保密审查合格的企业事业单位违反保密管理规定的，由保密行政管理部门责令限期整改，逾期不改或者整改后仍不符合要求的，暂停涉密业务；情节严重的，停止涉密业务。

4.《电信条例》（2016年2月6日）

第62条 使用电信网络传输信息的内容及其后果由电信用户负责。

电信用户使用电信网络传输的信息属于国家秘密信息的，必须依照保守国家秘密法的规定采取保密措施。

● 部门规章及文件

5.《企业档案管理规定》（2023年8月8日）

第61条 电子档案管理应当实施全方位的安全与保密措施，确保电子档案安全。

第三十二条 安全保密产品和保密技术装备抽检、复检制度

用于保护国家秘密的安全保密产品和保密技术装备应当符合国家保密规定和标准。

国家建立安全保密产品和保密技术装备抽检、复检制度，由国家保密行政管理部门设立或者授权的机构进行检测。

第三十三条 新闻、出版、传媒保密管理

报刊、图书、音像制品、电子出版物的编辑、出版、印制、发行,广播节目、电视节目、电影的制作和播放,网络信息的制作、复制、发布、传播,应当遵守国家保密规定。

● 部门规章及文件

《新闻出版保密规定》(1992年6月13日)

第1章 总则

第1条 为在新闻出版工作中保守国家秘密,根据《中华人民共和国保守国家秘密法》第二十条,制定本规定。

第2条 本规定适用于报刊、新闻电讯、书籍、地图、图文资料、声像制品的出版和发行以及广播节目、电视节目、电影的制作和播放。

第3条 新闻出版的保密工作,坚持贯彻既保守国家秘密又有利于新闻出版工作正常进行的方针。

第4条 新闻出版单位及其采编人员和提供信息单位及其有关人员应当加强联系,协调配合,执行保密法规,遵守保密制度,共同做好新闻出版的保密工作。

第2章 保密制度

第5条 新闻出版单位和提供信息的单位,应当根据国家保密法规,建立健全新闻出版保密审查制度。

第6条 新闻出版保密审查实行自审与送审相结合的制度。

第7条 新闻出版单位和提供信息的单位,对拟公开出版、报道的信息,应当按照有关的保密规定进行自审;对是否涉及国家秘密界限不清的信息,应当送交有关主管部门或其上级机关、单位审定。

第8条 新闻出版单位及其采编人员需向有关部门反映或通报的涉及国家秘密的信息,应当通过内部途径进行,并对反映或通报的信息按照有关规定作出国家秘密的标志。

第 9 条　被采访单位、被采访人向新闻出版单位的采编人员提供有关信息时，对其中确因工作需要而又涉及国家秘密的事项，应当事先按照有关规定的程序批准，并采编人员申明；新闻出版单位及其采编人员对被采访单位、被采访人申明属于国家秘密的事项，不得公开报道、出版。

对涉及国家秘密但确需公开报道、出版的信息，新闻出版单位应当向有关主管部门建议解密或者采取删节、改编、隐去等保密措施，并经有关主管部门审定。

第 10 条　新闻出版单位采访涉及国家秘密的会议或其他活动，应当经主办单位批准。主办单位应当验明采访人员的工作身份，指明哪些内容不得公开报道、出版，并对拟公开报道、出版的内容进行审定。

第 11 条　为了防止泄露国家秘密又利于新闻出版工作的正常进行，中央国家机关各部门和其他有关单位，应当根据各自业务工作的性质，加强与新闻出版单位的联系，建立提供信息的正常渠道，健全新闻发布制度，适时通报宣传口径。

第 12 条　有关机关、单位应当指定有权代表本机关、单位的审稿机构和审稿人，负责对新闻出版单位送审的稿件是否涉及国家秘密进行审定。对是否涉及国家秘密界限不清的内容，应当报请上级机关、单位审定；涉及其他单位工作中国家秘密的，应当负责征求有关单位的意见。

第 13 条　有关机关、单位审定送审的稿件时，应当满足新闻出版单位提出的审定时限的要求，遇有特殊情况不能在所要求的时限内完成审定的，应当及时向送审稿件的新闻出版单位说明，并共同商量解决办法。

第 14 条　个人拟向新闻出版单位提供公开报道、出版的信息，凡涉及本系统、本单位业务工作的或对是否涉及国家秘密界限不清的，应当事先经本单位或其上级机关、单位审定。

第 15 条　个人拟向境外新闻出版机构提供报道、出版涉及国家政治、经济、外交、科技、军事方面内容的，应当事先经过本单位或其上级机关、单位审定。向境外投寄稿件，应当按照国家有关规定办理。

第3章 泄密的查处

第16条 国家工作人员或其他公民发现国家秘密被非法报道、出版时，应当及时报告有关机关、单位或保密工作部门。

泄密事件所涉及的新闻出版单位和有关单位，应当主动联系，共同采取补救措施。

第17条 新闻出版活动中发生的泄密事件，由有关责任单位负责及时调查；责任暂时不清的，由有关保密工作部门决定自行调查或者指定有关单位调查。

第18条 对泄露国家秘密的责任单位、责任人，应当按照有关法律和规定严肃处理。

第19条 新闻出版工作中因泄密问题需要对出版物停发、停办或者收缴以及由此造成的经济损失，应当按照有关主管部门的规定处理。

新闻出版单位及其采编人员和提供信息的单位及其有关人员因泄露国家秘密所获得的非法收入，应当依法没收并上缴国家财政。

第三十四条 网络运营者保密管理

网络运营者应当加强对其用户发布的信息的管理，配合监察机关、保密行政管理部门、公安机关、国家安全机关对涉嫌泄露国家秘密案件进行调查处理；发现利用互联网及其他公共信息网络发布的信息涉嫌泄露国家秘密的，应当立即停止传输该信息，保存有关记录，向保密行政管理部门或者公安机关、国家安全机关报告；应当根据保密行政管理部门或者公安机关、国家安全机关的要求，删除涉及泄露国家秘密的信息，并对有关设备进行技术处理。

● 法　律

1.《网络安全法》(2016 年 11 月 7 日)

第 9 条　网络运营者开展经营和服务活动，必须遵守法律、行政法规，尊重社会公德，遵守商业道德，诚实信用，履行网络安全保护义务，接受政府和社会的监督，承担社会责任。

● 行政法规及文件

2.《商用密码管理条例》(2023 年 4 月 27 日)

第 41 条　网络运营者应当按照国家网络安全等级保护制度要求，使用商用密码保护网络安全。国家密码管理部门根据网络的安全保护等级，确定商用密码的使用、管理和应用安全性评估要求，制定网络安全等级保护密码标准规范。

第三十五条　拟公开信息保密审查

机关、单位应当依法对拟公开的信息进行保密审查，遵守国家保密规定。

● 法　律

《专利法》(2020 年 10 月 17 日)

第 19 条　任何单位或者个人将在中国完成的发明或者实用新型向外国申请专利的，应当事先报经国务院专利行政部门进行保密审查。保密审查的程序、期限等按照国务院的规定执行。

中国单位或者个人可以根据中华人民共和国参加的有关国际条约提出专利国际申请。申请人提出专利国际申请的，应当遵守前款规定。

国务院专利行政部门依照中华人民共和国参加的有关国际条约、本法和国务院有关规定处理专利国际申请。

对违反本条第一款规定向外国申请专利的发明或者实用新型，在中国申请专利的，不授予专利权。

第三十六条　数据处理保密管理

开展涉及国家秘密的数据处理活动及其安全监管应当符合国家保密规定。

国家保密行政管理部门和省、自治区、直辖市保密行政管理部门会同有关主管部门建立安全保密防控机制，采取安全保密防控措施，防范数据汇聚、关联引发的泄密风险。

机关、单位应当对汇聚、关联后属于国家秘密事项的数据依法加强安全管理。

● 法　律

《数据安全法》（2021年6月10日）

第53条　开展涉及国家秘密的数据处理活动，适用《中华人民共和国保守国家秘密法》等法律、行政法规的规定。

在统计、档案工作中开展数据处理活动，开展涉及个人信息的数据处理活动，还应当遵守有关法律、行政法规的规定。

第三十七条　与境外相关的保密管理

机关、单位向境外或者向境外在中国境内设立的组织、机构提供国家秘密，任用、聘用的境外人员因工作需要知悉国家秘密的，按照国家有关规定办理。

● 法　律

1. 《反间谍法》（2023年4月26日）

第4条　本法所称间谍行为，是指下列行为：

（一）间谍组织及其代理人实施或者指使、资助他人实施，或者境内外机构、组织、个人与其相勾结实施的危害中华人民共和国国家安全的活动；

（二）参加间谍组织或者接受间谍组织及其代理人的任务，

或者投靠间谍组织及其代理人；

（三）间谍组织及其代理人以外的其他境外机构、组织、个人实施或者指使、资助他人实施，或者境内机构、组织、个人与其相勾结实施的窃取、刺探、收买、非法提供国家秘密、情报以及其他关系国家安全和利益的文件、数据、资料、物品，或者策动、引诱、胁迫、收买国家工作人员叛变的活动；

（四）间谍组织及其代理人实施或者指使、资助他人实施，或者境内外机构、组织、个人与其相勾结实施针对国家机关、涉密单位或者关键信息基础设施等的网络攻击、侵入、干扰、控制、破坏等活动；

（五）为敌人指示攻击目标；

（六）进行其他间谍活动。

间谍组织及其代理人在中华人民共和国领域内，或者利用中华人民共和国的公民、组织或者其他条件，从事针对第三国的间谍活动，危害中华人民共和国国家安全的，适用本法。

第8条　任何公民和组织都应当依法支持、协助反间谍工作，保守所知悉的国家秘密和反间谍工作秘密。

第10条　境外机构、组织、个人实施或者指使、资助他人实施的，或者境内机构、组织、个人与境外机构、组织、个人相勾结实施的危害中华人民共和国国家安全的间谍行为，都必须受到法律追究。

第11条　国家安全机关及其工作人员在工作中，应当严格依法办事，不得超越职权、滥用职权，不得侵犯个人和组织的合法权益。

国家安全机关及其工作人员依法履行反间谍工作职责获取的个人和组织的信息，只能用于反间谍工作。对属于国家秘密、工作秘密、商业秘密和个人隐私、个人信息的，应当保密。

第38条　对违反本法规定，涉嫌犯罪，需要对有关事项是否属于国家秘密或者情报进行鉴定以及需要对危害后果进行评估的，由国家保密部门或者省、自治区、直辖市保密部门按照程序在一定期限内进行鉴定和组织评估。

第 60 条　违反本法规定，有下列行为之一，构成犯罪的，依法追究刑事责任；尚不构成犯罪的，由国家安全机关予以警告或者处十日以下行政拘留，可以并处三万元以下罚款：

（一）泄露有关反间谍工作的国家秘密；

（二）明知他人有间谍犯罪行为，在国家安全机关向其调查有关情况、收集有关证据时，拒绝提供；

（三）故意阻碍国家安全机关依法执行任务；

（四）隐藏、转移、变卖、损毁国家安全机关依法查封、扣押、冻结的财物；

（五）明知是间谍行为的涉案财物而窝藏、转移、收购、代为销售或者以其他方法掩饰、隐瞒；

（六）对依法支持、协助国家安全机关工作的个人和组织进行打击报复。

2.《反电信网络诈骗法》（2022 年 9 月 2 日）

第 3 条　打击治理在中华人民共和国境内实施的电信网络诈骗活动或者中华人民共和国公民在境外实施的电信网络诈骗活动，适用本法。

境外的组织、个人针对中华人民共和国境内实施电信网络诈骗活动的，或者为他人针对境内实施电信网络诈骗活动提供产品、服务等帮助的，依照本法有关规定处理和追究责任。

第三十八条　举办会议等活动的保密管理

举办会议或者其他活动涉及国家秘密的，主办单位应当采取保密措施，并对参加人员进行保密教育，提出具体保密要求。

第三十九条 保密要害部门、部位的保密管理

机关、单位应当将涉及绝密级或者较多机密级、秘密级国家秘密的机构确定为保密要害部门，将集中制作、存放、保管国家秘密载体的专门场所确定为保密要害部位，按照国家保密规定和标准配备、使用必要的技术防护设施、设备。

● 行政法规及文件

《保守国家秘密法实施条例》（2014 年 1 月 17 日）

第 32 条 保密行政管理部门依法对机关、单位执行保密法律法规的下列情况进行检查：

（一）保密工作责任制落实情况；
（二）保密制度建设情况；
（三）保密宣传教育培训情况；
（四）涉密人员管理情况；
（五）国家秘密确定、变更和解除情况；
（六）国家秘密载体管理情况；
（七）信息系统和信息设备保密管理情况；
（八）互联网使用保密管理情况；
（九）保密技术防护设施设备配备使用情况；
（十）涉密场所及保密要害部门、部位管理情况；
（十一）涉密会议、活动管理情况；
（十二）信息公开保密审查情况。

第四十条 军事禁区等涉密场所、部位保密措施

军事禁区、军事管理区和属于国家秘密不对外开放的其他场所、部位，应当采取保密措施，未经有关部门批准，不得擅自决定对外开放或者扩大开放范围。

涉密军事设施及其他重要涉密单位周边区域应当按照国家保密规定加强保密管理。

● 法　律

1. 《刑法》（2023 年 12 月 29 日）

第 371 条　聚众冲击军事禁区，严重扰乱军事禁区秩序的，对首要分子，处五年以上十年以下有期徒刑；对其他积极参加的，处五年以下有期徒刑、拘役、管制或者剥夺政治权利。

聚众扰乱军事管理区秩序，情节严重，致使军事管理区工作无法进行，造成严重损失的，对首要分子，处三年以上七年以下有期徒刑；对其他积极参加的，处三年以下有期徒刑、拘役、管制或者剥夺政治权利。

2. 《军事设施保护法》（2021 年 6 月 10 日）

第 9 条　军事禁区、军事管理区根据军事设施的性质、作用、安全保密的需要和使用效能的要求划定，具体划定标准和确定程序，由国务院和中央军事委员会规定。

本法所称军事禁区，是指设有重要军事设施或者军事设施安全保密要求高、具有重大危险因素，需要国家采取特殊措施加以重点保护，依照法定程序和标准划定的军事区域。

本法所称军事管理区，是指设有较重要军事设施或者军事设施安全保密要求较高、具有较大危险因素，需要国家采取特殊措施加以保护，依照法定程序和标准划定的军事区域。

第 10 条　军事禁区、军事管理区由国务院和中央军事委员会确定，或者由有关军事机关根据国务院和中央军事委员会的规定确定。

军事禁区、军事管理区的撤销或者变更，依照前款规定办理。

第 11 条　陆地和水域的军事禁区、军事管理区的范围，由省、自治区、直辖市人民政府和有关军级以上军事机关共同划定，或者由省、自治区、直辖市人民政府、国务院有关部门和有关军级以上军事机关共同划定。空中军事禁区和特别重要的陆地、水域军事禁区的范围，由国务院和中央军事委员会划定。

军事禁区、军事管理区的范围调整,依照前款规定办理。

第12条　军事禁区、军事管理区应当由县级以上地方人民政府按照国家统一规定的样式设置标志牌。

第13条　军事禁区、军事管理区范围的划定或者调整,应当在确保军事设施安全保密和使用效能的前提下,兼顾经济建设、生态环境保护和当地居民的生产生活。

因军事设施建设需要划定或者调整军事禁区、军事管理区范围的,应当在军事设施建设项目开工建设前完成。但是,经战区级以上军事机关批准的除外。

第14条　军事禁区、军事管理区范围的划定或者调整,需要征收、征用土地、房屋等不动产,压覆矿产资源,或者使用海域、空域等的,依照有关法律、法规的规定办理。

第15条　军队为执行任务设置的临时军事设施需要划定陆地、水域临时军事禁区、临时军事管理区范围的,由县级以上地方人民政府和有关团级以上军事机关共同划定,并各自向上一级机关备案。其中,涉及有关海事管理机构职权的,应当在划定前征求其意见。划定之后,由县级以上地方人民政府或者有关海事管理机构予以公告。

军队执行任务结束后,应当依照前款规定的程序及时撤销划定的陆地、水域临时军事禁区、临时军事管理区。

第四十一条　涉密企事业单位保密管理

从事涉及国家秘密业务的企业事业单位,应当具备相应的保密管理能力,遵守国家保密规定。

从事国家秘密载体制作、复制、维修、销毁,涉密信息系统集成,武器装备科研生产,或者涉密军事设施建设等涉及国家秘密业务的企业事业单位,应当经过审查批准,取得保密资质。

● 部门规章及文件

《国家秘密载体印制资质管理办法》（2020年12月22日）

第6条　国家保密行政管理部门主管全国涉密印制资质管理工作，省级保密行政管理部门主管本行政区域内涉密印制资质管理工作。

省级以上保密行政管理部门根据工作需要，可以委托下一级保密行政管理部门开展审查工作，或者组织机构协助开展工作。

第7条　省级以上保密行政管理部门应当指定专门机构承担保密资质管理日常工作。

第8条　省级以上保密行政管理部门建立保密资质审查专家库，组织开展入库审查、培训考核等工作。

第9条　实施涉密印制资质许可不收取任何费用，所需经费纳入同级财政预算。

第2章　等级与条件

第10条　涉密印制资质分为甲级和乙级两个等级。

甲级资质单位可以从事绝密级、机密级、秘密级涉密印制业务；乙级资质单位可以从事机密级、秘密级涉密印制业务。

第11条　涉密印制资质包括涉密文件资料、国家统一考试试卷、涉密防伪票据证书、涉密光电磁介质、涉密档案数字化加工，以及国家保密行政管理部门许可的其他涉密印制业务。

资质单位应当在保密行政管理部门许可的业务种类范围内承接涉密印制业务。

第12条　申请单位应当具备以下基本条件：

（一）在中华人民共和国境内注册的法人，从事印制业务三年以上，甲级资质申请单位还应当具备相应乙级资质三年以上；

（二）无犯罪记录且近三年内未被吊销保密资质（资格），法定代表人、主要负责人、实际控制人未被列入失信人员名单；

（三）法定代表人、主要负责人、实际控制人、董（监）事会人员、高级管理人员以及从事涉密印制业务人员具有中华人民共和国国籍，无境外永久居留权或者长期居留许可，与境外人员无婚姻关系，国家另有规定的除外；

（四）具有从事涉密印制业务的专业能力；

（五）法律、行政法规和国家保密行政管理部门规定的其他条件。

第13条　申请单位应当具备以下保密条件：

（一）有专门机构或者人员负责保密工作；

（二）保密制度完善；

（三）从事涉密印制业务的人员经过保密教育培训，具备必要的保密知识和技能；

（四）用于涉密印制业务的场所、设施、设备符合国家保密规定和标准；

（五）有专门的保密工作经费；

（六）法律、行政法规和国家保密行政管理部门规定的其他保密条件。

第14条　申请涉密文件资料、涉密光电磁介质、涉密档案数字化加工资质的单位不得有外国投资者投资。在新三板挂牌的企业申请资质以及资质有效期内的，还应当符合以下条件：

（一）参与挂牌交易的股份比例不高于总股本的30%；

（二）实际控制人在申请期间及资质有效期内保持控制地位不变。

第15条　申请国家统一考试试卷、涉密防伪票据证书资质的单位不得由外国投资者控股。

第16条　申请单位应当建立完善的内部管理和信息披露制度，未经国务院有关主管部门或者省级人民政府有关主管部门批准，外国投资者不得接触、知悉国家秘密信息。

第17条　申请单位申请不同等级和业务种类的涉密印制资

质，应当符合涉密印制资质具体条件的要求。

第 3 章 申请、受理、审查与决定

第 18 条 申请甲级资质的，应当向国家保密行政管理部门提出申请；申请乙级资质的，应当向注册地的省级保密行政管理部门提出申请。申请单位应当提交以下材料：

（一）《国家秘密载体印制资质申请书》（以下简称申请书）；

（二）企业营业执照或者事业单位法人证书；

（三）在登记机关备案的章程；

（四）从事印刷、复制等经营活动的许可证明；

（五）法定代表人、主要负责人、实际控制人、董（监）事会人员、高级管理人员以及从事涉密印制业务的其他人员情况；

（六）资本结构和股权情况；

（七）上一年度企业年度报告；

（八）生产经营和办公场所的产权证书或者租赁合同；

（九）近三年印制业务合同清单；

（十）涉密印制业务设备、场所和保密设施、设备情况；

（十一）基本管理制度、保密制度以及保密体系运行情况。

申请书及相关材料不得涉及国家秘密，申请单位应当对申请材料的真实性和完整性负责。

第 19 条 保密行政管理部门收到申请材料后，应当在五日内完成审查。申请材料齐全且符合法定形式的，应当受理并发出受理通知书；申请材料不齐全或者不符合法定形式的，应当一次告知申请单位十五日内补正材料；逾期未告知申请单位补正的，自收到申请材料之日起即为受理。申请单位十五日内不予补正的，视为放弃本次行政许可申请。

第 20 条 资质审查分为书面审查、现场审查。确有需要的，可以组织专家开展评审。

第 21 条 对作出受理决定的，保密行政管理部门应当对提交的申请材料进行书面审查。

第22条　对书面审查合格的单位，保密行政管理部门应当指派两名以上工作人员，并可以结合工作实际指派一名以上审查专家，依据涉密印制资质审查细则和评分标准，对保密制度、保密工作机构、保密监督管理、涉密人员管理、保密技术防护以及从事涉密印制业务的专业能力等情况进行现场审查。

涉密印制资质审查细则和评分标准由国家保密行政管理部门另行规定。

第23条　现场审查应当按照以下程序进行：

（一）提前五日以传真、电子邮件等形式书面通知申请单位现场审查时间；

（二）听取申请单位情况汇报和对有关事项的说明；

（三）审查有关材料；

（四）与主要负责人、保密工作负责人及有关人员谈话了解情况；

（五）组织涉密人员进行保密知识测试；

（六）对涉密场所、涉密设备等进行实地查看；

（七）汇总现场审查情况，形成现场审查报告；

（八）通报审查情况，申请单位法定代表人或者主要负责人在现场审查报告上签字确认。

第24条　申请单位具有下列情形之一的，保密行政管理部门应当终止审查：

（一）隐瞒有关情况或者提供虚假材料的；

（二）采取贿赂、请托等不正当手段，影响审查工作公平公正进行的；

（三）无正当理由拒绝按通知时间接受现场审查的；

（四）现场审查中发现不符合评分标准基本项的；

（五）其他违反保密法律法规的行为。

第 25 条　申请单位书面审查、现场审查合格的，保密行政管理部门应当准予行政许可。

申请单位具有下列情形之一的，保密行政管理部门应当作出不予行政许可的书面决定，说明理由并告知申请单位相关权利。

（一）书面审查不合格的；

（二）现场审查不合格的；

（三）终止审查的；

（四）法律、行政法规规定的不予行政许可的其他情形。

第 26 条　保密行政管理部门应当自受理申请之日起二十日内，对申请单位作出准予行政许可或者不予行政许可的决定。二十日内不能作出决定的，经本行政机关负责人批准，可以延长十日，并应当将延长期限的理由告知申请单位。

保密行政管理部门组织开展专家评审、鉴定所需时间不计入行政许可期限。

第 27 条　保密行政管理部门作出准予行政许可的决定的，自作出决定之日起十日内向申请单位颁发《国家秘密载体印制资质证书》（以下简称《资质证书》）。

第 28 条　《资质证书》有效期为五年，分为正本和副本，正本和副本具有同等法律效力。样式由国家保密行政管理部门统一制作，主要包括以下内容：

（一）单位名称；

（二）法定代表人；

（三）注册地址；

（四）证书编号；

（五）资质等级；

（六）业务种类；

（七）发证机关；

（八）有效期和发证日期。

第 29 条 《资质证书》有效期满，需要继续从事涉密印制业务的，应当在有效期届满三个月前向保密行政管理部门提出延续申请，保密行政管理部门应当按照本办法有关规定开展审查，申请单位未按规定期限提出延续申请的，视为重新申请。

有效期届满且未准予延续前，不得签订新的涉密印制业务合同。对于已经签订合同但未完成的涉密业务，在确保安全保密的条件下可以继续完成。

第 30 条 省级保密行政管理部门应当将许可的乙级资质单位报国家保密行政管理部门备案。

准予行政许可和注销、吊销、撤销以及暂停资质的决定，由作出决定的保密行政管理部门在一定范围内予以发布。

第 4 章 监督与管理

第 31 条 省级以上保密行政管理部门应当加强对下一级保密行政管理部门以及协助开展审查工作的专门机构的监督检查，及时纠正资质管理中的违法违规行为。

第 32 条 保密行政管理部门应当开展"双随机"抽查、飞行检查等形式的保密检查，对资质单位从事涉密印制业务和保密管理情况进行监督。

第 33 条 机关、单位委托资质单位印制国家秘密载体，应当查验其《资质证书》，出具委托证明，签订保密协议，提出保密要求，督促落实保密措施。

资质单位应当查验、收取委托方的委托证明，并进行登记。没有委托证明的，资质单位不得承接。

第 34 条 资质单位与其他单位合作开展涉密印制业务的，合作单位应当具有相应的涉密印制资质且取得委托方书面同意。

资质单位不得将涉密印制业务分包或者转包给无相应涉密资质的单位。

第 35 条 乙级资质单位拟在注册地的省级行政区域外承接

涉密印制业务的，应当向业务所在地的省级保密行政管理部门备案，接受保密监督管理。

第36条 资质单位实行年度自检制度，应当于每年3月31日前向作出准予行政许可决定的保密行政管理部门报送上一年度自检报告。

第37条 资质单位下列事项发生变更的，应当在变更前向保密行政管理部门书面报告：

（一）注册资本或者股权结构；

（二）控股股东或者实际控制人；

（三）单位性质或者隶属关系；

（四）用于涉密印制业务的场所。

保密行政管理部门应当对资质单位变更事项进行书面审查。通过审查的，资质单位应当按照审定事项实施变更，并在变更完成后十日内提交情况报告。

对影响或者可能影响国家安全的外商投资，应当按照外商投资安全审查制度进行安全审查。

资质单位发生控股股东或者实际控制人、单位性质或者隶属关系、用于涉密印制业务的场所等事项变更的，保密行政管理部门应当组织现场审查。

第38条 资质单位下列事项发生变更的，应当在变更后十日内向保密行政管理部门书面报告：

（一）单位名称；

（二）注册地址或者经营地址；

（三）经营范围；

（四）法定代表人、董（监）事会人员或者高级管理人员。

资质单位变更完成需换发《资质证书》的，由保密行政管理部门审核后重新颁发。

第39条 保密行政管理部门在现场审查、保密检查过程中，发现申请单位或者资质单位存在涉嫌泄露国家秘密的案件线索，应当根据工作需要，按照泄密案件管辖权限，经保密行政管理部门负责人批准，由具备执法资格的人员对有关设施、设备、载体等采取登记保存措施，依法开展调查工作。

保密行政管理部门调查结束后，认定申请单位或者资质单位存在违反保密法律法规事实的，违法行为发生地的保密行政管理部门应当按照本办法作出处理，并将违法事实、处理结果抄告受理申请或者准予行政许可的保密行政管理部门。

第40条　有下列情形之一的，作出准予行政许可决定的保密行政管理部门或者其上级保密行政管理部门，依据职权可以撤销行政许可：

（一）保密行政管理部门滥用职权、玩忽职守作出准予行政许可决定的；

（二）超越法定职权作出准予行政许可决定的；

（三）违反法定程序作出准予行政许可决定的；

（四）对不具备申请资格或者不符合法定条件的申请单位准予行政许可的；

（五）依法可以撤销行政许可的其他情形。

资质单位采取欺骗、贿赂等不正当手段取得资质的，保密行政管理部门应当撤销其资质，停止其涉密业务。自撤销之日起，三年内不得再次申请。

第41条　资质单位具有下列情形之一的，作出准予行政许可决定的保密行政管理部门应当注销其资质：

（一）《资质证书》有效期届满未延续的；

（二）法人资格依法终止的；

（三）主动申请注销资质的；

（四）行政许可依法被撤销、撤回，或者行政许可证件依法被吊销的；

（五）因不可抗力导致行政许可事项无法实施的；

（六）法律、行政法规规定的应当注销资质的其他情形。

第42条 申请单位或者资质单位对保密行政管理部门作出的决定不服的，可以依法申请行政复议或者提起行政诉讼。

第5章 法律责任

第43条 资质单位违反本办法的，依照本办法有关规定处理；构成犯罪的，依法追究刑事责任。

第44条 资质单位具有下列情形之一的，保密行政管理部门应当责令其在二十日内完成整改，逾期不改或者整改后仍不符合要求的，给予六个月以上十二个月以下暂停资质的处罚：

（一）未经委托方书面同意，擅自与其他涉密印制资质单位合作开展涉密印制业务的；

（二）超出行政许可的业务种类范围承接涉密印制业务的；

（三）发生需要报告的事项，未及时报告的；

（四）未按本办法提交年度自检报告的；

（五）不符合其他保密管理规定，存在泄密隐患的。

第45条 资质单位不再符合申请条件，或者具有下列情形之一的，保密行政管理部门应当吊销其资质，停止其涉密业务：

（一）涂改、出卖、出租、出借《资质证书》，或者以其他方式伪造、非法转让《资质证书》的；

（二）将涉密印制业务分包或者转包给无相应涉密资质单位的；

（三）发现国家秘密已经泄露或者可能泄露，未按法定时限报告的；

（四）拒绝接受保密检查的；

（五）资质暂停期间，承接新的涉密印制业务的；

（六）资质暂停期满，仍不符合保密管理规定的；

（七）发生泄密案件的；

（八）其他违反保密法律法规的行为。

第46条 申请单位隐瞒有关情况或者提供虚假材料的，保密行政管理部门应当作出不予受理或者不予行政许可的决定。自不予受理或者不予许可之日起，一年内不得再次申请。

第47条 未经保密行政管理部门许可的单位从事涉密印制业务的，由保密行政管理部门责令停止违法行为，非法获取、持有的国家秘密载体，应当予以收缴；有违法所得的，由市场监督管理部门没收违法所得；构成犯罪的，依法追究刑事责任。

第48条 机关、单位委托未经保密行政管理部门许可的单位从事涉密印制业务的，应当由有关机关、单位对直接负责的主管人员和其他直接责任人员依法给予处分；构成犯罪的，依法追究刑事责任。

第49条 保密行政管理部门及其工作人员未依法履行职责，或者滥用职权、玩忽职守、徇私舞弊的，对直接负责的主管人员和其他直接责任人员依法给予政务处分；构成犯罪的，依法追究刑事责任。

第四十二条 涉密业务签订保密协议

采购涉及国家秘密的货物、服务的机关、单位，直接涉及国家秘密的工程建设、设计、施工、监理等单位，应当遵守国家保密规定。

机关、单位委托企业事业单位从事涉及国家秘密的业务，应当与其签订保密协议，提出保密要求，采取保密措施。

● 行政法规及文件

1.《保守国家秘密法实施条例》（2014年1月17日）

第28条 企业事业单位从事国家秘密载体制作、复制、维修、销毁，涉密信息系统集成或者武器装备科研生产等涉及国家秘密的业务（以下简称涉密业务），应当由保密行政管理部门或者保密行政管理部门会同有关部门进行保密审查。保密审查不合格的，不得从事涉密业务。

● 部门规章及文件

2.《金融企业业务档案管理规定》（2015年5月5日）

第23条　金融企业将业务档案管理外包的，应当严格审核承包方的信息安全保障能力和资质。在签订合同协议时，应当明确有关档案安全保管、信息保密和提供利用等方面的责任和约定条款，以保障业务档案的安全与利用。

严禁将涉及国家秘密的业务档案外包或委托任何社会中介机构保管。

第四十三条　涉密人员分类、任用及能力要求

> 在涉密岗位工作的人员（以下简称涉密人员），按照涉密程度分为核心涉密人员、重要涉密人员和一般涉密人员，实行分类管理。
>
> 任用、聘用涉密人员应当按照国家有关规定进行审查。
>
> 涉密人员应当具有良好的政治素质和品行，经过保密教育培训，具备胜任涉密岗位的工作能力和保密知识技能，签订保密承诺书，严格遵守国家保密规定，承担保密责任。
>
> 涉密人员的合法权益受法律保护。对因保密原因合法权益受到影响和限制的涉密人员，按照国家有关规定给予相应待遇或者补偿。

● 法　律

1.《监察法》（2018年3月20日）

第59条　监察机关涉密人员离岗离职后，应当遵守脱密期管理规定，严格履行保密义务，不得泄露相关秘密。

监察人员辞职、退休三年内,不得从事与监察和司法工作相关联且可能发生利益冲突的职业。

● 行政法规及文件

2.《保守国家秘密法实施条例》(2014年1月17日)

第30条 涉密人员的分类管理、任(聘)用审查、脱密期管理、权益保障等具体办法,由国家保密行政管理部门会同国务院有关主管部门制定。

● 部门规章及文件

3.《国家秘密载体印制资质管理办法》(2020年12月22日)

第22条 对书面审查合格的单位,保密行政管理部门应当指派两名以上工作人员,并可以结合工作实际指派一名以上审查专家,依据涉密印制资质审查细则和评分标准,对保密制度、保密工作机构、保密监督管理、涉密人员管理、保密技术防护以及从事涉密印制业务的专业能力等情况进行现场审查。

涉密印制资质审查细则和评分标准由国家保密行政管理部门另行规定。

4.《涉密信息系统集成资质管理办法》(2020年12月10日)

第21条 对书面审查合格的单位,保密行政管理部门应当指派两名以上工作人员,并可以结合工作实际指派一名以上审查专家,依据涉密集成资质审查细则和评分标准,对保密制度、保密工作机构、保密监督管理、涉密人员管理、保密技术防护以及从事涉密集成业务的专业能力等情况进行现场审查。

涉密集成资质审查细则和评分标准由国家保密行政管理部门另行规定。

5.《外商投资人才中介机构管理暂行规定》(2019年12月31日)

第12条 外商投资人才中介机构招聘人才出境,应当按照中国政府有关规定办理手续。其中,不得招聘下列人才出境:

（一）正在承担国家、省级重点工程、科研项目的技术和管理人员，未经单位或主管部门同意的；

（二）在职国家公务员；

（三）由国家统一派出而又未满轮换年限的支援西部开发的人员；

（四）在岗的涉密人员和离岗脱密期未满的涉密人员；

（五）有违法嫌疑正在依法接受审查尚未结案的人员；

（六）法律、法规规定暂时不能流动的其他特殊岗位的人员或者需经批准方可出境的人员。

第四十四条　涉密人员管理制度

机关、单位应当建立健全涉密人员管理制度，明确涉密人员的权利、岗位责任和要求，对涉密人员履行职责情况开展经常性的监督检查。

● 行政法规及文件

1. 《保守国家秘密法实施条例》（2014年1月17日）

第32条　保密行政管理部门依法对机关、单位执行保密法律法规的下列情况进行检查：

（一）保密工作责任制落实情况；

（二）保密制度建设情况；

（三）保密宣传教育培训情况；

（四）涉密人员管理情况；

（五）国家秘密确定、变更和解除情况；

（六）国家秘密载体管理情况；

（七）信息系统和信息设备保密管理情况；

（八）互联网使用保密管理情况；

（九）保密技术防护设施设备配备使用情况；

（十）涉密场所及保密要害部门、部位管理情况；

（十一）涉密会议、活动管理情况；

（十二）信息公开保密审查情况。

● 部门规章及文件

2.《国家秘密载体印制资质管理办法》（2020年12月22日）

第22条 对书面审查合格的单位，保密行政管理部门应当指派两名以上工作人员，并可以结合工作实际指派一名以上审查专家，依据涉密印制资质审查细则和评分标准，对保密制度、保密工作机构、保密监督管理、涉密人员管理、保密技术防护以及从事涉密印制业务的专业能力等情况进行现场审查。

涉密印制资质审查细则和评分标准由国家保密行政管理部门另行规定。

3.《涉密信息系统集成资质管理办法》（2020年12月10日）

第21条 对书面审查合格的单位，保密行政管理部门应当指派两名以上工作人员，并可以结合工作实际指派一名以上审查专家，依据涉密集成资质审查细则和评分标准，对保密制度、保密工作机构、保密监督管理、涉密人员管理、保密技术防护以及从事涉密集成业务的专业能力等情况进行现场审查。

涉密集成资质审查细则和评分标准由国家保密行政管理部门另行规定。

第四十五条　涉密人员出境管理

涉密人员出境应当经有关部门批准，有关机关认为涉密人员出境将对国家安全造成危害或者对国家利益造成重大损失的，不得批准出境。

● 行政法规及文件

1.《保守国家秘密法实施条例》（2014年1月17日）

第37条 国家保密行政管理部门或者省、自治区、直辖市保密行政管理部门应当依据保密法律法规和保密事项范围，对办理涉嫌泄露国家秘密案件的机关提出鉴定的事项是否属于国家秘密、属于何种密级作出鉴定。

保密行政管理部门受理鉴定申请后，应当自受理之日起30日内出具鉴定结论；不能按期出具鉴定结论的，经保密行政管理部门负责人批准，可以延长30日。

● 部门规章及文件

2.《对外科技交流保密提醒制度》（2002年11月26日）

第4条 实行对外科技交流保密提醒制度的机关、社会团体、企事业单位，应当确定本单位涉密人员，并以下列方式对参加对外科技交流活动的涉密人员进行保密提醒：

（一）涉密人员出境参加对外科技交流活动，其所在机关、社会团体、企事业单位人事或外事部门在办理出境审批手续时，应当告知其《涉密人员对外科技交流保密守则》（附件1），要求其在《涉密人员对外科技交流保密义务承诺书》（附件2）上签字，承诺履行保密义务，并填写《对外科技交流涉密人员登记表》（附件3），对一年内数次出境参加对外科技交流活动的涉密人员，可以每年对其提醒一次。

（二）涉密人员在境内参加对外科技交流活动。应当事先向所在单位报告，并填写《对外科技交流涉密人员登记表》。由所在单位提醒其遵守对外科技交流保密守则，并记录在案。

第四十六条　涉密人员离岗要求

涉密人员离岗离职应当遵守国家保密规定。机关、单位应当开展保密教育提醒，清退国家秘密载体，实行脱密期管理。涉密人员在脱密期内，不得违反规定就业和出境，不得以任何方式泄露国家秘密；脱密期结束后，应当遵守国家保密规定，对知悉的国家秘密继续履行保密义务。涉密人员严重违反离岗离职及脱密期国家保密规定的，机关、单位应当及时报告同级保密行政管理部门，由保密行政管理部门会同有关部门依法采取处置措施。

● 法　律

1. 《监察法》（2018 年 3 月 20 日）

　　第 59 条　监察机关涉密人员离岗离职后，应当遵守脱密期管理规定，严格履行保密义务，不得泄露相关秘密。

　　监察人员辞职、退休三年内，不得从事与监察和司法工作相关联且可能发生利益冲突的职业。

● 部门规章及文件

2. 《国家科学技术秘密持有单位管理办法》（2018 年 8 月 25 日）

　　第 7 条　持密单位应当按照国家有关规定，确定涉密岗位及其类别，将在涉密岗位工作的人员确定为核心涉密人员、重要涉密人员和一般涉密人员，实行分类管理。

　　持密单位应当对涉密人员进行保密审查，与涉密人员签订保密承诺书，加强对涉密人员的保密宣传、教育培训和监督管理，对涉密人员发表论文、申请专利、新闻出版、参加学术交流等公开行为及出国（境）活动进行审查和保密提醒。

　　持密单位应当保障涉密人员正当合法权益，不得因其成果不宜公开发表、交流、推广而影响其评奖、表彰和职称评定。对确因保密原因不能在公开刊物上发表的论文，应当对论文的实际水平给予客观、公正评价。

　　持密单位应当对涉密人员离岗离职实行脱密期管理，与涉密人员签订脱密期保密承诺书，明确未经本单位批准，涉密人员离岗离职后不得从事任何与其知悉的国家科学技术秘密相关的工作，直至解密为止。

第四十七条 泄密或可能泄密时的处理

国家工作人员或者其他公民发现国家秘密已经泄露或者可能泄露时,应当立即采取补救措施并及时报告有关机关、单位。机关、单位接到报告后,应当立即作出处理,并及时向保密行政管理部门报告。

● 行政法规及文件

1.《保守国家秘密法实施条例》(2014 年 1 月 17 日)

第 34 条 机关、单位发现国家秘密已经泄露或者可能泄露的,应当立即采取补救措施,并在 24 小时内向同级保密行政管理部门和上级主管部门报告。

地方各级保密行政管理部门接到泄密报告的,应当在 24 小时内逐级报至国家保密行政管理部门。

● 部门规章及文件

2.《国家秘密载体印制资质管理办法》(2020 年 12 月 22 日)

第 45 条 资质单位不再符合申请条件,或者具有下列情形之一的,保密行政管理部门应当吊销其资质,停止其涉密业务:

(一)涂改、出卖、出租、出借《资质证书》,或者以其他方式伪造、非法转让《资质证书》的;

(二)将涉密印制业务分包或者转包给无相应涉密资质单位的;

(三)发现国家秘密已经泄露或者可能泄露,未按法定时限报告的;

(四)拒绝接受保密检查的;

(五)资质暂停期间,承接新的涉密印制业务的;

(六)资质暂停期满,仍不符合保密管理规定的;

(七)发生泄密案件的;

（八）其他违反保密法律法规的行为。

3. 《涉密信息系统集成资质管理办法》（2020年12月10日）

第45条 资质单位不再符合申请条件，或者具有下列情形之一的，保密行政管理部门应当吊销其资质，停止其涉密业务：

（一）涂改、出卖、出租、出借《资质证书》，或者以其他方式伪造、非法转让《资质证书》的；

（二）将涉密集成业务分包或者转包给无相应涉密资质单位的；

（三）发现国家秘密已经泄露或者可能泄露，未按法定时限报告的；

（四）拒绝接受保密检查的；

（五）资质暂停期间，承接新的涉密集成业务的；

（六）资质暂停期满，仍不符合保密管理规定的；

（七）发生泄密案件的；

（八）其他违反保密法律法规的行为。

第四章 监督管理

第四十八条 保密规章及标准制定权

国家保密行政管理部门依照法律、行政法规的规定，制定保密规章和国家保密标准。

第四十九条 一般管理职权

保密行政管理部门依法组织开展保密宣传教育、保密检查、保密技术防护、保密违法案件调查处理工作，对保密工作进行指导和监督管理。

● 行政法规及文件

1. 《保守国家秘密法实施条例》（2014 年 1 月 17 日）

　　第 7 条　各级保密行政管理部门应当组织开展经常性的保密宣传教育。机关、单位应当定期对本机关、本单位工作人员进行保密形势、保密法律法规、保密技术防范等方面的教育培训。

● 部门规章及文件

2. 《科学技术保密规定》（2015 年 11 月 16 日）

　　第 8 条　机关、单位应当实行科学技术保密工作责任制，健全科学技术保密管理制度，完善科学技术保密防护措施，开展科学技术保密宣传教育，加强科学技术保密检查。

3. 《国家科学技术秘密持有单位管理办法》（2018 年 8 月 25 日）

　　第 4 条　持密单位应当实行科学技术保密工作责任制，单位主要负责人对本单位的科学技术保密工作负总责，设立或者指定专门机构开展科学技术保密工作，制定本单位科学技术保密管理制度，负责本单位科学技术保密日常工作。

第五十条　定密纠正权

> 保密行政管理部门发现国家秘密确定、变更或者解除不当的，应当及时通知有关机关、单位予以纠正。

● 行政法规及文件

1. 《保守国家秘密法实施条例》（2014 年 1 月 17 日）

　　第 18 条　机关、单位发现本机关、本单位国家秘密的确定、变更和解除不当的，应当及时纠正；上级机关、单位发现下级机关、单位国家秘密的确定、变更和解除不当的，应当及时通知其纠正，也可以直接纠正。

● 部门规章及文件

2.《科学技术保密规定》(2015 年 11 月 16 日)

第 24 条 科学技术行政管理部门发现机关、单位国家科学技术秘密确定、变更和解除不当的,应当及时通知其纠正。

第五十一条 保密检查权

保密行政管理部门依法对机关、单位遵守保密法律法规和相关制度的情况进行检查;涉嫌保密违法的,应当及时调查处理或者组织、督促有关机关、单位调查处理;涉嫌犯罪的,应当依法移送监察机关、司法机关处理。

对严重违反国家保密规定的涉密人员,保密行政管理部门应当建议有关机关、单位将其调离涉密岗位。

有关机关、单位和个人应当配合保密行政管理部门依法履行职责。

第五十二条 收缴权

保密行政管理部门在保密检查和案件调查处理中,可以依法查阅有关材料、询问人员、记录情况,先行登记保存有关设施、设备、文件资料等;必要时,可以进行保密技术检测。

保密行政管理部门对保密检查和案件调查处理中发现的非法获取、持有的国家秘密载体,应当予以收缴;发现存在泄露国家秘密隐患的,应当要求采取措施,限期整改;对存在泄露国家秘密隐患的设施、设备、场所,应当责令停止使用。

● 行政法规及文件

《保守国家秘密法实施条例》(2014 年 1 月 17 日)

第 33 条 保密行政管理部门在保密检查过程中,发现有泄密隐患的，可以查阅有关材料、询问人员、记录情况；对有关设施、设备、文件资料等可以依法先行登记保存，必要时进行保密技术检测。有关机关、单位及其工作人员对保密检查应当予以配合。

保密行政管理部门实施检查后，应当出具检查意见，对需要整改的，应当明确整改内容和期限。

第五十三条　密级鉴定权

办理涉嫌泄露国家秘密案件的机关，需要对有关事项是否属于国家秘密、属于何种密级进行鉴定的，由国家保密行政管理部门或者省、自治区、直辖市保密行政管理部门鉴定。

● 部门规章及文件

1. 《泄密案件查处办法》（2017年12月29日）

第17条　可以用于证明案件事实的材料，都是证据。证据包括：

（一）物证；

（二）书证；

（三）证人证言；

（四）案件当事人陈述；

（五）视听资料、电子数据；

（六）保密检查、勘验笔录，技术核查报告；

（七）密级鉴定书。

第47条　案件调查过程中，需要对有关事项是否属于国家秘密以及属于何种密级进行鉴定的，应当及时提请具有密级鉴定权的保密行政管理部门鉴定。

2. 《保密事项范围制定、修订和使用办法》（2017年3月9日）

第23条　保密行政管理部门进行密级鉴定，需要适用保密事项范围的,应当以保密事项范围的目录作为依据;直接适用正文的,应当征求制定保密事项范围的中央有关机关意见。

3.《人民法院、保密行政管理部门办理侵犯国家秘密案件若干问题的规定》(2020年3月11日)

第3条 人民法院审理侵犯国家秘密案件,需要对有关事项是否属于国家秘密以及属于何种密级或者是否属于情报进行鉴定的,应当由有关机关依据《密级鉴定工作规定》向国家保密行政管理部门或者省、自治区、直辖市保密行政管理部门提起。

第五十四条　处分监督权

> 机关、单位对违反国家保密规定的人员不依法给予处分的,保密行政管理部门应当建议纠正;对拒不纠正的,提请其上一级机关或者监察机关对该机关、单位负有责任的领导人员和直接责任人员依法予以处理。

● 部门规章及文件

《科学技术保密规定》(2015年11月16日)

第31条 机关、单位和个人应当加强国家科学技术秘密信息保密管理,存储、处理国家科学技术秘密信息应当符合国家保密规定。任何机关、单位和个人不得有下列行为:

(一)非法获取、持有、复制、记录、存储国家科学技术秘密信息;

(二)使用非涉密计算机、非涉密存储设备存储、处理国家科学技术秘密;

(三)在互联网及其他公共信息网络或者未采取保密措施的有线和无线通信中传递国家科学技术秘密信息;

(四)通过普通邮政、快递等无保密措施的渠道传递国家科学技术秘密信息;

（五）在私人交往和通信中涉及国家科学技术秘密信息；

（六）其他违反国家保密规定的行为。

第五十五条　风险评估、监测预警、应急处置制度

设区的市级以上保密行政管理部门建立保密风险评估机制、监测预警制度、应急处置制度，会同有关部门开展信息收集、分析、通报工作。

● 法　律

1. 《核安全法》（2017 年 9 月 1 日）

第 38 条　核设施营运单位和其他有关单位持有核材料，应当按照规定的条件依法取得许可，并采取下列措施，防止核材料被盗、破坏、丢失、非法转让和使用，保障核材料的安全与合法利用：

（一）建立专职机构或者指定专人保管核材料；

（二）建立核材料衡算制度，保持核材料收支平衡；

（三）建立与核材料保护等级相适应的实物保护系统；

（四）建立信息保密制度，采取保密措施；

（五）法律、行政法规规定的其他措施。

2. 《生物安全法》（2020 年 10 月 17 日）

第 86 条　生物安全信息属于国家秘密的，应当依照《中华人民共和国保守国家秘密法》和国家其他有关保密规定实施保密管理。

● 行政法规及文件

3. 《保守国家秘密法实施条例》（2014 年 1 月 17 日）

第 25 条　机关、单位应当加强涉密信息系统的运行使用管理，指定专门机构或者人员负责运行维护、安全保密管理和安全审计，定期开展安全保密检查和风险评估。

涉密信息系统的密级、主要业务应用、使用范围和使用环境等发生变化或者涉密信息系统不再使用的,应当按照国家保密规定及时向保密行政管理部门报告,并采取相应措施。

第 26 条　机关、单位采购涉及国家秘密的工程、货物和服务的,应当根据国家保密规定确定密级,并符合国家保密规定和标准。机关、单位应当对提供工程、货物和服务的单位提出保密管理要求,并与其签订保密协议。

政府采购监督管理部门、保密行政管理部门应当依法加强对涉及国家秘密的工程、货物和服务采购的监督管理。

第 32 条　保密行政管理部门依法对机关、单位执行保密法律法规的下列情况进行检查:

(一) 保密工作责任制落实情况;

(二) 保密制度建设情况;

(三) 保密宣传教育培训情况;

(四) 涉密人员管理情况;

(五) 国家秘密确定、变更和解除情况;

(六) 国家秘密载体管理情况;

(七) 信息系统和信息设备保密管理情况;

(八) 互联网使用保密管理情况;

(九) 保密技术防护设施设备配备使用情况;

(十) 涉密场所及保密要害部门、部位管理情况;

(十一) 涉密会议、活动管理情况;

(十二) 信息公开保密审查情况。

第 41 条　经保密审查合格的企业事业单位违反保密管理规定的,由保密行政管理部门责令限期整改,逾期不改或者整改后仍不符合要求的,暂停涉密业务;情节严重的,停止涉密业务。

4.《电信条例》(2016 年 2 月 6 日)

第 62 条　使用电信网络传输信息的内容及其后果由电信用

户负责。

电信用户使用电信网络传输的信息属于国家秘密信息的,必须依照保守国家秘密法的规定采取保密措施。

● 部门规章及文件

5.《企业档案管理规定》(2023年8月8日)
第61条 电子档案管理应当实施全方位的安全与保密措施,确保电子档案安全。

第五十六条　保密协会

保密协会等行业组织依照法律、行政法规的规定开展活动,推动行业自律,促进行业健康发展。

第五章　法律责任

第五十七条　组织、个人违反保密法承担法律责任的行为

违反本法规定,有下列情形之一,根据情节轻重,依法给予处分;有违法所得的,没收违法所得:

(一)非法获取、持有国家秘密载体的;

(二)买卖、转送或者私自销毁国家秘密载体的;

(三)通过普通邮政、快递等无保密措施的渠道传递国家秘密载体的;

(四)寄递、托运国家秘密载体出境,或者未经有关主管部门批准,携带、传递国家秘密载体出境的;

(五)非法复制、记录、存储国家秘密的;

(六)在私人交往和通信中涉及国家秘密的;

（七）未按照国家保密规定和标准采取有效保密措施，在互联网及其他公共信息网络或者有线和无线通信中传递国家秘密的；

（八）未按照国家保密规定和标准采取有效保密措施，将涉密信息系统、涉密信息设备接入互联网及其他公共信息网络的；

（九）未按照国家保密规定和标准采取有效保密措施，在涉密信息系统、涉密信息设备与互联网及其他公共信息网络之间进行信息交换的；

（十）使用非涉密信息系统、非涉密信息设备存储、处理国家秘密的；

（十一）擅自卸载、修改涉密信息系统的安全技术程序、管理程序的；

（十二）将未经安全技术处理的退出使用的涉密信息设备赠送、出售、丢弃或者改作其他用途的；

（十三）其他违反本法规定的情形。

有前款情形尚不构成犯罪，且不适用处分的人员，由保密行政管理部门督促其所在机关、单位予以处理。

● 部门规章及文件

《国家科学技术秘密定密管理办法》（2018年8月8日）

第35条　定密责任人和具体开展定密工作的人员违反本办法，有下列行为之一的，机关、单位应当及时纠正并进行批评教育；造成严重后果的，依纪依法给予处分：

（一）应当确定国家科学技术秘密而未确定的；

（二）不应当确定国家科学技术秘密而确定的；

（三）超出定密权限定密的；

（四）未按照规定程序定密的；

（五）未按规定变更国家科学技术秘密的密级、保密期限、保密要点、知悉范围的；

（六）未按要求开展解密审核的；

（七）不应当解除国家科学技术秘密而解除的；

（八）应当解除国家科学技术秘密而未解除的；

（九）违反法律法规规定和本办法的其他行为。

第五十八条 机关、单位重大泄密、定密不当的法律责任

机关、单位违反本法规定，发生重大泄露国家秘密案件的，依法对直接负责的主管人员和其他直接责任人员给予处分。不适用处分的人员，由保密行政管理部门督促其主管部门予以处理。

机关、单位违反本法规定，对应当定密的事项不定密，对不应当定密的事项定密，或者未履行解密审核责任，造成严重后果的，依法对直接负责的主管人员和其他直接责任人员给予处分。

● 行政法规及文件

1. 《**保守国家秘密法实施条例**》（2014年1月17日）

第16条 机关、单位对所产生的国家秘密，认为符合保密法有关解密或者延长保密期限规定的，应当及时解密或者延长保密期限。

机关、单位对不属于本机关、本单位产生的国家秘密，认为符合保密法有关解密或者延长保密期限规定的，可以向原定密机关、单位或者其上级机关、单位提出建议。

已经依法移交各级国家档案馆的属于国家秘密的档案，由原定密机关、单位按照国家有关规定进行解密审核。

第 39 条　机关、单位发生泄露国家秘密案件不按照规定报告或者未采取补救措施的，对直接负责的主管人员和其他直接责任人员依法给予处分。

第 40 条　在保密检查或者泄露国家秘密案件查处中，有关机关、单位及其工作人员拒不配合，弄虚作假，隐匿、销毁证据，或者以其他方式逃避、妨碍保密检查或者泄露国家秘密案件查处的，对直接负责的主管人员和其他直接责任人员依法给予处分。

企业事业单位及其工作人员协助机关、单位逃避、妨碍保密检查或者泄露国家秘密案件查处的，由有关主管部门依法予以处罚。

● 部门规章及文件
2. 《国家秘密定密管理暂行规定》（2014 年 3 月 9 日）

第 31 条　机关、单位应当每年对所确定的国家秘密进行审核，有下列情形之一的，及时解密：

（一）保密法律法规或者保密事项范围调整后，不再属于国家秘密的；

（二）公开后不会损害国家安全和利益，不需要继续保密的。

机关、单位经解密审核，对本机关、本单位或者下级机关、单位尚在保密期限内的国家秘密事项决定公开的，正式公布即视为解密。

第 37 条　机关、单位对拟移交各级国家档案馆的尚在保密期限内的国家秘密档案，应当进行解密审核，对本机关、本单位产生的符合解密条件的档案，应当予以解密。

已依法移交各级国家档案馆的属于国家秘密的档案，其解密办法由国家保密行政管理部门会同国家档案行政管理部门另行制定。

第 42 条　定密责任人和承办人违反本规定，有下列行为之一的，机关、单位应当及时纠正并进行批评教育；造成严重后果的，依纪依法给予处分：

（一）应当确定国家秘密而未确定的；

（二）不应当确定国家秘密而确定的；

（三）超出定密权限定密的；

（四）未按照法定程序定密的；

（五）未按规定标注国家秘密标志的；

（六）未按规定变更国家秘密的密级、保密期限、知悉范围的；

（七）未按要求开展解密审核的；

（八）不应当解除国家秘密而解除的；

（九）应当解除国家秘密而未解除的；

（十）违反本规定的其他行为。

3. **《国家秘密解密暂行办法》**（2020年6月28日）

第4条 机关、单位应当定期审核所确定的国家秘密，建立保密期限届满提醒制度，对所确定的国家秘密，在保密期限届满前，及时做好解密审核工作。

机关、单位应当建立健全与档案管理、信息公开相结合的解密审核工作机制，明确定密责任人职责和工作要求，做到对所确定的国家秘密保密期限届满前必审核、信息公开前必审核、移交各级国家档案馆前必审核。

第10条 对拟移交各级国家档案馆的属于国家秘密的档案，机关、单位应当按照本办法做好解密审核工作。

对已经依法移交到各级国家档案馆的属于国家秘密档案的解密工作，按照国家有关规定执行。

第20条 对涉密程度高、涉及面广、内容复杂的国家秘密，机关、单位可以就解密事宜组织论证、评估，提出意见建议，供定密责任人参考。

论证、评估意见应当记入解密审核记录，或者作为解密审核记录附件一并归档保存。

第21条　国家秘密有关内容涉及其他机关、单位的，应当就解密事宜征求其他机关、单位的意见。

征求意见情况应当记入解密审核记录，或者作为解密审核记录附件一并归档保存。

第22条　国家秘密产生过程中形成的相关涉密事项应当与国家秘密一并进行解密审核，同时作出书面记录。

4.《国家科学技术秘密定密管理办法》（2018年8月8日）

第35条　定密责任人和具体开展定密工作的人员违反本办法，有下列行为之一的，机关、单位应当及时纠正并进行批评教育；造成严重后果的，依纪依法给予处分：

（一）应当确定国家科学技术秘密而未确定的；

（二）不应当确定国家科学技术秘密而确定的；

（三）超出定密权限定密的；

（四）未按照规定程序定密的；

（五）未按规定变更国家科学技术秘密的密级、保密期限、保密要点、知悉范围的；

（六）未按要求开展解密审核的；

（七）不应当解除国家科学技术秘密而解除的；

（八）应当解除国家科学技术秘密而未解除的；

（九）违反法律法规规定和本办法的其他行为。

第五十九条　网络运营者违反保密法的法律责任

网络运营者违反本法第三十四条规定的，由公安机关、国家安全机关、电信主管部门、保密行政管理部门按照各自职责分工依法予以处罚。

● 法　律

1.《网络安全法》（2016年11月7日）

　　第43条　个人发现网络运营者违反法律、行政法规的规定或者双方的约定收集、使用其个人信息的，有权要求网络运营者删除其个人信息；发现网络运营者收集、存储的其个人信息有错误的，有权要求网络运营者予以更正。网络运营者应当采取措施予以删除或者更正。

● 行政法规及文件

2.《商用密码管理条例》（2023年4月27日）

　　第62条　网络运营者违反本条例第四十一条规定，未按照国家网络安全等级保护制度要求使用商用密码保护网络安全的，由密码管理部门责令改正，给予警告；拒不改正或者导致危害网络安全等后果的，处1万元以上10万元以下罚款，对直接负责的主管人员处5000元以上5万元以下罚款。

● 部门规章及文件

3.《网信部门行政执法程序规定》（2023年3月18日）

　　第48条　网络运营者违反相关法律、行政法规、部门规章规定，需由电信主管部门关闭网站、吊销相关增值电信业务经营许可证或者取消备案的，转电信主管部门处理。

第六十条　涉密企业事业单位违反国家保密规定的法律责任

　　取得保密资质的企业事业单位违反国家保密规定的，由保密行政管理部门责令限期整改，给予警告或者通报批评；有违法所得的，没收违法所得；情节严重的，暂停涉密业务、降低资质等级；情节特别严重的，吊销保密资质。

> 未取得保密资质的企业事业单位违法从事本法第四十一条第二款规定的涉密业务的,由保密行政管理部门责令停止涉密业务,给予警告或者通报批评;有违法所得的,没收违法所得。

● 行政法规及文件

《保守国家秘密法实施条例》(2014 年 1 月 17 日)

第 28 条　企业事业单位从事国家秘密载体制作、复制、维修、销毁、涉密信息系统集成或者武器装备科研生产等涉及国家秘密的业务(以下简称涉密业务),应当由保密行政管理部门或者保密行政管理部门会同有关部门进行保密审查。保密审查不合格,不得从事涉密业务。

第 29 条　从事涉密业务的企业事业单位应当具备下列条件:

(一)在中华人民共和国境内依法成立 3 年以上的法人,无违法犯罪记录;

(二)从事涉密业务的人员具有中华人民共和国国籍;

(三)保密制度完善,有专门的机构或者人员负责保密工作;

(四)用于涉密业务的场所、设施、设备符合国家保密规定和标准;

(五)具有从事涉密业务的专业能力;

(六)法律、行政法规和国家保密行政管理部门规定的其他条件。

第六十一条　保密行政管理部门工作人员的法律责任

> 保密行政管理部门的工作人员在履行保密管理职责中滥用职权、玩忽职守、徇私舞弊的,依法给予处分。

● 行政法规及文件

《保守国家秘密法实施条例》(2014 年 1 月 17 日)

第 44 条　保密行政管理部门未依法履行职责,或者滥用职权、玩忽职守、徇私舞弊的,对直接负责的主管人员和其他直接责任人员依法给予处分;构成犯罪的,依法追究刑事责任。

第六十二条　刑事责任

违反本法规定,构成犯罪的,依法追究刑事责任。

● 法　律

《刑法》(2023 年 12 月 29 日)

第 109 条　国家机关工作人员在履行公务期间,擅离岗位,叛逃境外或者在境外叛逃的,处五年以下有期徒刑、拘役、管制或者剥夺政治权利;情节严重的,处五年以上十年以下有期徒刑。

掌握国家秘密的国家工作人员叛逃境外或者在境外叛逃的,依照前款的规定从重处罚。

第 110 条　有下列间谍行为之一,危害国家安全的,处十年以上有期徒刑或者无期徒刑;情节较轻的,处三年以上十年以下有期徒刑:

(一)参加间谍组织或者接受间谍组织及其代理人的任务的;

(二)为敌人指示轰击目标的。

第 111 条　为境外的机构、组织、人员窃取、刺探、收买、非法提供国家秘密或者情报的,处五年以上十年以下有期徒刑;情节特别严重的,处十年以上有期徒刑或者无期徒刑;情节较轻的,处五年以下有期徒刑、拘役、管制或者剥夺政治权利。

第 282 条　以窃取、刺探、收买方法,非法获取国家秘密的,处三年以下有期徒刑、拘役、管制或者剥夺政治权利;情节严重的,处三年以上七年以下有期徒刑。

非法持有属于国家绝密、机密的文件、资料或者其他物品,拒不说明来源与用途的,处三年以下有期徒刑、拘役或者管制。

第 398 条　国家机关工作人员违反保守国家秘密法的规定，故意或者过失泄露国家秘密，情节严重的，处三年以下有期徒刑或者拘役；情节特别严重的，处三年以上七年以下有期徒刑。

非国家机关工作人员犯前款罪的，依照前款的规定酌情处罚。

第 432 条　违反保守国家秘密法规，故意或者过失泄露军事秘密，情节严重的，处五年以下有期徒刑或者拘役；情节特别严重的，处五年以上十年以下有期徒刑。

战时犯前款罪的，处五年以上十年以下有期徒刑；情节特别严重的，处十年以上有期徒刑或者无期徒刑。

第六章　附　　则

第六十三条　对中央军事委员会的授权

中国人民解放军和中国人民武装警察部队开展保密工作的具体规定，由中央军事委员会根据本法制定。

第六十四条　适用工作秘密管理办法的情形

机关、单位对履行职能过程中产生或者获取的不属于国家秘密但泄露后会造成一定不利影响的事项，适用工作秘密管理办法采取必要的保护措施。工作秘密管理办法另行规定。

第六十五条　实施日期

本法自 2024 年 5 月 1 日起施行。

附录一

中华人民共和国国家安全法

（2015年7月1日第十二届全国人民代表大会常务委员会第十五次会议通过 2015年7月1日中华人民共和国主席令第29号公布 自公布之日起施行）

第一章 总　则

第一条　为了维护国家安全，保卫人民民主专政的政权和中国特色社会主义制度，保护人民的根本利益，保障改革开放和社会主义现代化建设的顺利进行，实现中华民族伟大复兴，根据宪法，制定本法。

第二条　国家安全是指国家政权、主权、统一和领土完整、人民福祉、经济社会可持续发展和国家其他重大利益相对处于没有危险和不受内外威胁的状态，以及保障持续安全状态的能力。

第三条　国家安全工作应当坚持总体国家安全观，以人民安全为宗旨，以政治安全为根本，以经济安全为基础，以军事、文化、社会安全为保障，以促进国际安全为依托，维护各领域国家安全，构建国家安全体系，走中国特色国家安全道路。

第四条　坚持中国共产党对国家安全工作的领导，建立集中统一、高效权威的国家安全领导体制。

第五条　中央国家安全领导机构负责国家安全工作的决策和议事协调，研究制定、指导实施国家安全战略和有关重大方针政策，统筹协调国家安全重大事项和重要工作，推动国家安全法治建设。

第六条　国家制定并不断完善国家安全战略，全面评估国际、国内安全形势，明确国家安全战略的指导方针、中长期目标、重点领域的国家安全政策、工作任务和措施。

第七条　维护国家安全，应当遵守宪法和法律，坚持社会主义法治原则，尊重和保障人权，依法保护公民的权利和自由。

第八条　维护国家安全，应当与经济社会发展相协调。

国家安全工作应当统筹内部安全和外部安全、国土安全和国民安全、传统安全和非传统安全、自身安全和共同安全。

第九条 维护国家安全，应当坚持预防为主、标本兼治，专门工作与群众路线相结合，充分发挥专门机关和其他有关机关维护国家安全的职能作用，广泛动员公民和组织，防范、制止和依法惩治危害国家安全的行为。

第十条 维护国家安全，应当坚持互信、互利、平等、协作，积极同外国政府和国际组织开展安全交流合作，履行国际安全义务，促进共同安全，维护世界和平。

第十一条 中华人民共和国公民、一切国家机关和武装力量、各政党和各人民团体、企业事业组织和其他社会组织，都有维护国家安全的责任和义务。

中国的主权和领土完整不容侵犯和分割。维护国家主权、统一和领土完整是包括港澳同胞和台湾同胞在内的全中国人民的共同义务。

第十二条 国家对在维护国家安全工作中作出突出贡献的个人和组织给予表彰和奖励。

第十三条 国家机关工作人员在国家安全工作和涉及国家安全活动中，滥用职权、玩忽职守、徇私舞弊的，依法追究法律责任。

任何个人和组织违反本法和有关法律，不履行维护国家安全义务或者从事危害国家安全活动的，依法追究法律责任。

第十四条 每年4月15日为全民国家安全教育日。

第二章　维护国家安全的任务

第十五条 国家坚持中国共产党的领导，维护中国特色社会主义制度，发展社会主义民主政治，健全社会主义法治，强化权力运行制约和监督机制，保障人民当家作主的各项权利。

国家防范、制止和依法惩治任何叛国、分裂国家、煽动叛乱、颠覆或者煽动颠覆人民民主专政政权的行为；防范、制止和依法惩治窃取、泄露国家秘密等危害国家安全的行为；防范、制止和依法惩治境外势力的渗透、破坏、颠覆、分裂活动。

第十六条 国家维护和发展最广大人民的根本利益，保卫人民安全，创造良好生存发展条件和安定工作生活环境,保障公民的生命财产安全和其他合法权益。

第十七条 国家加强边防、海防和空防建设,采取一切必要的防卫和管控措施,保卫领陆、内水、领海和领空安全,维护国家领土主权和海洋权益。

第十八条 国家加强武装力量革命化、现代化、正规化建设,建设与保卫国家安全和发展利益需要相适应的武装力量;实施积极防御军事战略方针,防备和抵御侵略,制止武装颠覆和分裂;开展国际军事安全合作,实施联合国维和、国际救援、海上护航和维护国家海外利益的军事行动,维护国家主权、安全、领土完整、发展利益和世界和平。

第十九条 国家维护国家基本经济制度和社会主义市场经济秩序,健全预防和化解经济安全风险的制度机制,保障关系国民经济命脉的重要行业和关键领域、重点产业、重大基础设施和重大建设项目以及其他重大经济利益安全。

第二十条 国家健全金融宏观审慎管理和金融风险防范、处置机制,加强金融基础设施和基础能力建设,防范和化解系统性、区域性金融风险,防范和抵御外部金融风险的冲击。

第二十一条 国家合理利用和保护资源能源,有效管控战略资源能源的开发,加强战略资源能源储备,完善资源能源运输战略通道建设和安全保护措施,加强国际资源能源合作,全面提升应急保障能力,保障经济社会发展所需的资源能源持续、可靠和有效供给。

第二十二条 国家健全粮食安全保障体系,保护和提高粮食综合生产能力,完善粮食储备制度、流通体系和市场调控机制,健全粮食安全预警制度,保障粮食供给和质量安全。

第二十三条 国家坚持社会主义先进文化前进方向,继承和弘扬中华民族优秀传统文化,培育和践行社会主义核心价值观,防范和抵制不良文化的影响,掌握意识形态领域主导权,增强文化整体实力和竞争力。

第二十四条 国家加强自主创新能力建设,加快发展自主可控的战略高新技术和重要领域核心关键技术,加强知识产权的运用、保护和科技保密能力建设,保障重大技术和工程的安全。

第二十五条　国家建设网络与信息安全保障体系，提升网络与信息安全保护能力，加强网络和信息技术的创新研究和开发应用，实现网络和信息核心技术、关键基础设施和重要领域信息系统及数据的安全可控；加强网络管理，防范、制止和依法惩治网络攻击、网络入侵、网络窃密、散布违法有害信息等网络违法犯罪行为，维护国家网络空间主权、安全和发展利益。

第二十六条　国家坚持和完善民族区域自治制度，巩固和发展平等团结互助和谐的社会主义民族关系。坚持各民族一律平等，加强民族交往、交流、交融，防范、制止和依法惩治民族分裂活动，维护国家统一、民族团结和社会和谐，实现各民族共同团结奋斗、共同繁荣发展。

第二十七条　国家依法保护公民宗教信仰自由和正常宗教活动，坚持宗教独立自主自办的原则，防范、制止和依法惩治利用宗教名义进行危害国家安全的违法犯罪活动，反对境外势力干涉境内宗教事务，维护正常宗教活动秩序。

国家依法取缔邪教组织，防范、制止和依法惩治邪教违法犯罪活动。

第二十八条　国家反对一切形式的恐怖主义和极端主义，加强防范和处置恐怖主义的能力建设，依法开展情报、调查、防范、处置以及资金监管等工作，依法取缔恐怖活动组织和严厉惩治暴力恐怖活动。

第二十九条　国家健全有效预防和化解社会矛盾的体制机制，健全公共安全体系，积极预防、减少和化解社会矛盾，妥善处置公共卫生、社会安全等影响国家安全和社会稳定的突发事件，促进社会和谐，维护公共安全和社会安定。

第三十条　国家完善生态环境保护制度体系，加大生态建设和环境保护力度，划定生态保护红线，强化生态风险的预警和防控，妥善处置突发环境事件，保障人民赖以生存发展的大气、水、土壤等自然环境和条件不受威胁和破坏，促进人与自然和谐发展。

第三十一条　国家坚持和平利用核能和核技术，加强国际合作，防止核扩散，完善防扩散机制，加强对核设施、核材料、核活动和核废料处置的安全管理、监管和保护，加强核事故应急体系和应急能力建设，防止、控制和消除核事故对公民生命健康和生态环境的危害，不断增强有效应对和防范核威胁、核攻击的能力。

第三十二条　国家坚持和平探索和利用外层空间、国际海底区域和极地，增强安全进出、科学考察、开发利用的能力，加强国际合作，维护我国在外层空间、国际海底区域和极地的活动、资产和其他利益的安全。

第三十三条　国家依法采取必要措施，保护海外中国公民、组织和机构的安全和正当权益，保护国家的海外利益不受威胁和侵害。

第三十四条　国家根据经济社会发展和国家发展利益的需要，不断完善维护国家安全的任务。

第三章　维护国家安全的职责

第三十五条　全国人民代表大会依照宪法规定，决定战争和和平的问题，行使宪法规定的涉及国家安全的其他职权。

全国人民代表大会常务委员会依照宪法规定，决定战争状态的宣布，决定全国总动员或者局部动员，决定全国或者个别省、自治区、直辖市进入紧急状态，行使宪法规定的和全国人民代表大会授予的涉及国家安全的其他职权。

第三十六条　中华人民共和国主席根据全国人民代表大会的决定和全国人民代表大会常务委员会的决定，宣布进入紧急状态，宣布战争状态，发布动员令，行使宪法规定的涉及国家安全的其他职权。

第三十七条　国务院根据宪法和法律，制定涉及国家安全的行政法规，规定有关行政措施，发布有关决定和命令；实施国家安全法律法规和政策；依照法律规定决定省、自治区、直辖市的范围内部分地区进入紧急状态；行使宪法法律规定的和全国人民代表大会及其常务委员会授予的涉及国家安全的其他职权。

第三十八条　中央军事委员会领导全国武装力量，决定军事战略和武装力量的作战方针，统一指挥维护国家安全的军事行动，制定涉及国家安全的军事法规，发布有关决定和命令。

第三十九条　中央国家机关各部门按照职责分工，贯彻执行国家安全方针政策和法律法规，管理指导本系统、本领域国家安全工作。

第四十条　地方各级人民代表大会和县级以上地方各级人民代表大会常务委员会在本行政区域内，保证国家安全法律法规的遵守和执行。

地方各级人民政府依照法律法规规定管理本行政区域内的国家安全工作。

香港特别行政区、澳门特别行政区应当履行维护国家安全的责任。

第四十一条 人民法院依照法律规定行使审判权，人民检察院依照法律规定行使检察权，惩治危害国家安全的犯罪。

第四十二条 国家安全机关、公安机关依法搜集涉及国家安全的情报信息，在国家安全工作中依法行使侦查、拘留、预审和执行逮捕以及法律规定的其他职权。

有关军事机关在国家安全工作中依法行使相关职权。

第四十三条 国家机关及其工作人员在履行职责时，应当贯彻维护国家安全的原则。

国家机关及其工作人员在国家安全工作和涉及国家安全活动中，应当严格依法履行职责，不得超越职权、滥用职权，不得侵犯个人和组织的合法权益。

第四章 国家安全制度

第一节 一般规定

第四十四条 中央国家安全领导机构实行统分结合、协调高效的国家安全制度与工作机制。

第四十五条 国家建立国家安全重点领域工作协调机制，统筹协调中央有关职能部门推进相关工作。

第四十六条 国家建立国家安全工作督促检查和责任追究机制，确保国家安全战略和重大部署贯彻落实。

第四十七条 各部门、各地区应当采取有效措施，贯彻实施国家安全战略。

第四十八条 国家根据维护国家安全工作需要，建立跨部门会商工作机制，就维护国家安全工作的重大事项进行会商研判，提出意见和建议。

第四十九条 国家建立中央与地方之间、部门之间、军地之间以及地区之间关于国家安全的协同联动机制。

第五十条　国家建立国家安全决策咨询机制，组织专家和有关方面开展对国家安全形势的分析研判，推进国家安全的科学决策。

第二节　情报信息

第五十一条　国家健全统一归口、反应灵敏、准确高效、运转顺畅的情报信息收集、研判和使用制度，建立情报信息工作协调机制，实现情报信息的及时收集、准确研判、有效使用和共享。

第五十二条　国家安全机关、公安机关、有关军事机关根据职责分工，依法搜集涉及国家安全的情报信息。

国家机关各部门在履行职责过程中，对于获取的涉及国家安全的有关信息应当及时上报。

第五十三条　开展情报信息工作，应当充分运用现代科学技术手段，加强对情报信息的鉴别、筛选、综合和研判分析。

第五十四条　情报信息的报送应当及时、准确、客观，不得迟报、漏报、瞒报和谎报。

第三节　风险预防、评估和预警

第五十五条　国家制定完善应对各领域国家安全风险预案。

第五十六条　国家建立国家安全风险评估机制，定期开展各领域国家安全风险调查评估。

有关部门应当定期向中央国家安全领导机构提交国家安全风险评估报告。

第五十七条　国家健全国家安全风险监测预警制度，根据国家安全风险程度，及时发布相应风险预警。

第五十八条　对可能即将发生或者已经发生的危害国家安全的事件，县级以上地方人民政府及其有关主管部门应当立即按照规定向上一级人民政府及其有关主管部门报告，必要时可以越级上报。

第四节　审查监管

第五十九条　国家建立国家安全审查和监管的制度和机制，对影响或者可能影响国家安全的外商投资、特定物项和关键技术、网络信息技术产品和服务、涉及国家安全事项的建设项目，以及其他重大事项和活动，进行国家安全审查，有效预防和化解国家安全风险。

第六十条　中央国家机关各部门依照法律、行政法规行使国家安全审查职责，依法作出国家安全审查决定或者提出安全审查意见并监督执行。

第六十一条　省、自治区、直辖市依法负责本行政区域内有关国家安全审查和监管工作。

第五节　危机管控

第六十二条　国家建立统一领导、协同联动、有序高效的国家安全危机管控制度。

第六十三条　发生危及国家安全的重大事件，中央有关部门和有关地方根据中央国家安全领导机构的统一部署，依法启动应急预案，采取管控处置措施。

第六十四条　发生危及国家安全的特别重大事件，需要进入紧急状态、战争状态或者进行全国总动员、局部动员的，由全国人民代表大会、全国人民代表大会常务委员会或者国务院依照宪法和有关法律规定的权限和程序决定。

第六十五条　国家决定进入紧急状态、战争状态或者实施国防动员后，履行国家安全危机管控职责的有关机关依照法律规定或者全国人民代表大会常务委员会规定，有权采取限制公民和组织权利、增加公民和组织义务的特别措施。

第六十六条　履行国家安全危机管控职责的有关机关依法采取处置国家安全危机的管控措施，应当与国家安全危机可能造成的危害的性质、程度和范围相适应；有多种措施可供选择的，应当选择有利于最大程度保护公民、组织权益的措施。

第六十七条　国家健全国家安全危机的信息报告和发布机制。

国家安全危机事件发生后，履行国家安全危机管控职责的有关机关，应当按照规定准确、及时报告，并依法将有关国家安全危机事件发生、发展、管控处置及善后情况统一向社会发布。

第六十八条　国家安全威胁和危害得到控制或者消除后，应当及时解除管控处置措施，做好善后工作。

第五章 国家安全保障

第六十九条 国家健全国家安全保障体系，增强维护国家安全的能力。

第七十条 国家健全国家安全法律制度体系，推动国家安全法治建设。

第七十一条 国家加大对国家安全各项建设的投入，保障国家安全工作所需经费和装备。

第七十二条 承担国家安全战略物资储备任务的单位，应当按照国家有关规定和标准对国家安全物资进行收储、保管和维护，定期调整更换，保证储备物资的使用效能和安全。

第七十三条 鼓励国家安全领域科技创新，发挥科技在维护国家安全中的作用。

第七十四条 国家采取必要措施，招录、培养和管理国家安全工作专门人才和特殊人才。

根据维护国家安全工作的需要，国家依法保护有关机关专门从事国家安全工作人员的身份和合法权益，加大人身保护和安置保障力度。

第七十五条 国家安全机关、公安机关、有关军事机关开展国家安全专门工作，可以依法采取必要手段和方式，有关部门和地方应当在职责范围内提供支持和配合。

第七十六条 国家加强国家安全新闻宣传和舆论引导，通过多种形式开展国家安全宣传教育活动，将国家安全教育纳入国民教育体系和公务员教育培训体系，增强全民国家安全意识。

第六章 公民、组织的义务和权利

第七十七条 公民和组织应当履行下列维护国家安全的义务：
（一）遵守宪法、法律法规关于国家安全的有关规定；
（二）及时报告危害国家安全活动的线索；
（三）如实提供所知悉的涉及危害国家安全活动的证据；
（四）为国家安全工作提供便利条件或者其他协助；
（五）向国家安全机关、公安机关和有关军事机关提供必要的支持和协助；

（六）保守所知悉的国家秘密；

（七）法律、行政法规规定的其他义务。

任何个人和组织不得有危害国家安全的行为，不得向危害国家安全的个人或者组织提供任何资助或者协助。

第七十八条　机关、人民团体、企业事业组织和其他社会组织应当对本单位的人员进行维护国家安全的教育，动员、组织本单位的人员防范、制止危害国家安全的行为。

第七十九条　企业事业组织根据国家安全工作的要求，应当配合有关部门采取相关安全措施。

第八十条　公民和组织支持、协助国家安全工作的行为受法律保护。

因支持、协助国家安全工作，本人或者其近亲属的人身安全面临危险的，可以向公安机关、国家安全机关请求予以保护。公安机关、国家安全机关应当会同有关部门依法采取保护措施。

第八十一条　公民和组织因支持、协助国家安全工作导致财产损失的，按照国家有关规定给予补偿；造成人身伤害或者死亡的，按照国家有关规定给予抚恤优待。

第八十二条　公民和组织对国家安全工作有向国家机关提出批评建议的权利，对国家机关及其工作人员在国家安全工作中的违法失职行为有提出申诉、控告和检举的权利。

第八十三条　在国家安全工作中，需要采取限制公民权利和自由的特别措施时，应当依法进行，并以维护国家安全的实际需要为限度。

第七章　附　　则

第八十四条　本法自公布之日起施行。

中华人民共和国保守国家秘密法实施条例

(2014年1月17日中华人民共和国国务院令第646号公布 自2014年3月1日起施行)

第一章 总 则

第一条 根据《中华人民共和国保守国家秘密法》(以下简称保密法)的规定,制定本条例。

第二条 国家保密行政管理部门主管全国的保密工作。县级以上地方各级保密行政管理部门在上级保密行政管理部门指导下,主管本行政区域的保密工作。

第三条 中央国家机关在其职权范围内管理或者指导本系统的保密工作,监督执行保密法律法规,可以根据实际情况制定或者会同有关部门制定主管业务方面的保密规定。

第四条 县级以上人民政府应当加强保密基础设施建设和关键保密科技产品的配备。

省级以上保密行政管理部门应当加强关键保密科技产品的研发工作。

保密行政管理部门履行职责所需的经费,应当列入本级人民政府财政预算。机关、单位开展保密工作所需经费应当列入本机关、本单位的年度财政预算或者年度收支计划。

第五条 机关、单位不得将依法应当公开的事项确定为国家秘密,不得将涉及国家秘密的信息公开。

第六条 机关、单位实行保密工作责任制。机关、单位负责人对本机关、本单位的保密工作负责,工作人员对本岗位的保密工作负责。

机关、单位应当根据保密工作需要设立保密工作机构或者指定人员专门负责保密工作。

机关、单位及其工作人员履行保密工作责任制情况应当纳入年度考评和考核内容。

第七条 各级保密行政管理部门应当组织开展经常性的保密宣传教育。机关、单位应当定期对本机关、本单位工作人员进行保密形势、保密法律法规、保密技术防范等方面的教育培训。

第二章 国家秘密的范围和密级

第八条 国家秘密及其密级的具体范围（以下称保密事项范围）应当明确规定国家秘密具体事项的名称、密级、保密期限、知悉范围。

保密事项范围应当根据情况变化及时调整。制定、修订保密事项范围应当充分论证，听取有关机关、单位和相关领域专家的意见。

第九条 机关、单位负责人为本机关、本单位的定密责任人，根据工作需要，可以指定其他人员为定密责任人。

专门负责定密的工作人员应当接受定密培训，熟悉定密职责和保密事项范围，掌握定密程序和方法。

第十条 定密责任人在职责范围内承担有关国家秘密确定、变更和解除工作。具体职责是：

（一）审核批准本机关、本单位产生的国家秘密的密级、保密期限和知悉范围；

（二）对本机关、本单位产生的尚在保密期限内的国家秘密进行审核，作出是否变更或者解除的决定；

（三）对是否属于国家秘密和属于何种密级不明确的事项先行拟定密级，并按照规定的程序报保密行政管理部门确定。

第十一条 中央国家机关、省级机关以及设区的市、自治州级机关可以根据保密工作需要或者有关机关、单位的申请，在国家保密行政管理部门规定的定密权限、授权范围内作出定密授权。

定密授权应当以书面形式作出。授权机关应当对被授权机关、单位履行定密授权的情况进行监督。

中央国家机关、省级机关作出的授权，报国家保密行政管理部门备案；设区的市、自治州级机关作出的授权，报省、自治区、直辖市保密行政管理部门备案。

第十二条 机关、单位应当在国家秘密产生的同时，由承办人依据有关保密事项范围拟定密级、保密期限和知悉范围，报定密责任人审核批准，并采取相应保密措施。

第十三条 机关、单位对所产生的国家秘密，应当按照保密事项范围的规定确定具体的保密期限；保密事项范围没有规定具体保密期限的，可以根据工作需要，在保密法规定的保密期限内确定；不能确定保密期限的，应当确定解密条件。

国家秘密的保密期限，自标明的制发日起计算；不能标明制发日的，确定该国家秘密的机关、单位应当书面通知知悉范围内的机关、单位和人员，保密期限自通知之日起计算。

第十四条　机关、单位应当按照保密法的规定，严格限定国家秘密的知悉范围，对知悉机密级以上国家秘密的人员，应当作出书面记录。

第十五条　国家秘密载体以及属于国家秘密的设备、产品的明显部位应当标注国家秘密标志。国家秘密标志应当标注密级和保密期限。国家秘密的密级和保密期限发生变更的，应当及时对原国家秘密标志作出变更。

无法标注国家秘密标志的，确定该国家秘密的机关、单位应当书面通知知悉范围内的机关、单位和人员。

第十六条　机关、单位对所产生的国家秘密，认为符合保密法有关解密或者延长保密期限规定的，应当及时解密或者延长保密期限。

机关、单位对不属于本机关、本单位产生的国家秘密，认为符合保密法有关解密或者延长保密期限规定的，可以向原定密机关、单位或者其上级机关、单位提出建议。

已经依法移交各级国家档案馆的属于国家秘密的档案，由原定密机关、单位按照国家有关规定进行解密审核。

第十七条　机关、单位被撤销或者合并的，该机关、单位所确定国家秘密的变更和解除，由承担其职能的机关、单位负责，也可以由其上级机关、单位或者保密行政管理部门指定的机关、单位负责。

第十八条　机关、单位发现本机关、本单位国家秘密的确定、变更和解除不当的，应当及时纠正；上级机关、单位发现下级机关、单位国家秘密的确定、变更和解除不当的，应当及时通知其纠正，也可以直接纠正。

第十九条　机关、单位对符合保密法的规定，但保密事项范围没有规定的不明确事项，应当先行拟定密级、保密期限和知悉范围，采取相应的保密措施，并自拟定之日起10日内报有关部门确定。拟定为绝密级的事项和中央国家机关拟定的机密级、秘密级的事项，报国家保密行政管理部门确定；其他机关、单位拟定的机密级、秘密级的事项，报省、自治区、直辖市保密行政管理部门确定。

保密行政管理部门接到报告后，应当在10日内作出决定。省、自治区、直辖市保密行政管理部门还应当将所作决定及时报国家保密行政管理部门备案。

第二十条 机关、单位对已定密事项是否属于国家秘密或者属于何种密级有不同意见的，可以向原定密机关、单位提出异议，由原定密机关、单位作出决定。

机关、单位对原定密机关、单位未予处理或者对作出的决定仍有异议的，按照下列规定办理：

（一）确定为绝密级的事项和中央国家机关确定的机密级、秘密级的事项，报国家保密行政管理部门确定。

（二）其他机关、单位确定的机密级、秘密级的事项，报省、自治区、直辖市保密行政管理部门确定；对省、自治区、直辖市保密行政管理部门作出的决定有异议的，可以报国家保密行政管理部门确定。

在原定密机关、单位或者保密行政管理部门作出决定前，对有关事项应当按照主张密级中的最高密级采取相应的保密措施。

第三章 保密制度

第二十一条 国家秘密载体管理应当遵守下列规定：

（一）制作国家秘密载体，应当由机关、单位或者经保密行政管理部门保密审查合格的单位承担，制作场所应当符合保密要求。

（二）收发国家秘密载体，应当履行清点、编号、登记、签收手续。

（三）传递国家秘密载体，应当通过机要交通、机要通信或其他符合保密要求的方式进行。

（四）复制国家秘密载体或者摘录、引用、汇编属于国家秘密的内容，应当按照规定报批，不得擅自改变原件的密级、保密期限和知悉范围，复制件应当加盖复制机关、单位戳记，并视同原件进行管理。

（五）保存国家秘密载体的场所、设施、设备，应当符合国家保密要求。

（六）维修国家秘密载体，应当由本机关、本单位专门技术人员负责。确需外单位人员维修的，应当由本机关、本单位的人员现场监督；确需在本机关、本单位以外维修的，应当符合国家保密规定。

（七）携带国家秘密载体外出，应当符合国家保密规定，并采取可靠的保密措施；携带国家秘密载体出境的，应当按照国家保密规定办理批准和携带手续。

第二十二条　销毁国家秘密载体应当符合国家保密规定和标准，确保销毁的国家秘密信息无法还原。

销毁国家秘密载体应当履行清点、登记、审批手续，并送交保密行政管理部门设立的销毁工作机构或者保密行政管理部门指定的单位销毁。机关、单位确因工作需要，自行销毁少量国家秘密载体的，应当使用符合国家保密标准的销毁设备和方法。

第二十三条　涉密信息系统按照涉密程度分为绝密级、机密级、秘密级。机关、单位应当根据涉密信息系统存储、处理信息的最高密级确定系统的密级，按照分级保护要求采取相应的安全保密防护措施。

第二十四条　涉密信息系统应当由国家保密行政管理部门设立或者授权的保密测评机构进行检测评估，并经设区的市、自治州级以上保密行政管理部门审查合格，方可投入使用。

公安、国家安全机关的涉密信息系统投入使用的管理办法，由国家保密行政管理部门会同国务院公安、国家安全部门另行规定。

第二十五条　机关、单位应当加强涉密信息系统的运行使用管理，指定专门机构或者人员负责运行维护、安全保密管理和安全审计，定期开展安全保密检查和风险评估。

涉密信息系统的密级、主要业务应用、使用范围和使用环境等发生变化或者涉密信息系统不再使用的，应当按照国家保密规定及时向保密行政管理部门报告，并采取相应措施。

第二十六条　机关、单位采购涉及国家秘密的工程、货物和服务的，应当根据国家保密规定确定密级，并符合国家保密规定和标准。机关、单位应当对提供工程、货物和服务的单位提出保密管理要求，并与其签订保密协议。

政府采购监督管理部门、保密行政管理部门应当依法加强对涉及国家秘密的工程、货物和服务采购的监督管理。

第二十七条 举办会议或者其他活动涉及国家秘密的,主办单位应当采取下列保密措施:

(一)根据会议、活动的内容确定密级,制定保密方案,限定参加人员范围;

(二)使用符合国家保密规定和标准的场所、设施、设备;

(三)按照国家保密规定管理国家秘密载体;

(四)对参加人员提出具体保密要求。

第二十八条 企业事业单位从事国家秘密载体制作、复制、维修、销毁,涉密信息系统集成或者武器装备科研生产等涉及国家秘密的业务(以下简称涉密业务),应当由保密行政管理部门或者保密行政管理部门会同有关部门进行保密审查。保密审查不合格的,不得从事涉密业务。

第二十九条 从事涉密业务的企业事业单位应当具备下列条件:

(一)在中华人民共和国境内依法成立3年以上的法人,无违法犯罪记录;

(二)从事涉密业务的人员具有中华人民共和国国籍;

(三)保密制度完善,有专门的机构或者人员负责保密工作;

(四)用于涉密业务的场所、设施、设备符合国家保密规定和标准;

(五)具有从事涉密业务的专业能力;

(六)法律、行政法规和国家保密行政管理部门规定的其他条件。

第三十条 涉密人员的分类管理、任(聘)用审查、脱密期管理、权益保障等具体办法,由国家保密行政管理部门会同国务院有关主管部门制定。

第四章 监督管理

第三十一条 机关、单位应当向同级保密行政管理部门报送本机关、本单位年度保密工作情况。下级保密行政管理部门应当向上级保密行政管理部门报送本行政区域年度保密工作情况。

第三十二条 保密行政管理部门依法对机关、单位执行保密法律法规的下列情况进行检查:

(一)保密工作责任制落实情况;

（二）保密制度建设情况；

（三）保密宣传教育培训情况；

（四）涉密人员管理情况；

（五）国家秘密确定、变更和解除情况；

（六）国家秘密载体管理情况；

（七）信息系统和信息设备保密管理情况；

（八）互联网使用保密管理情况；

（九）保密技术防护设施设备配备使用情况；

（十）涉密场所及保密要害部门、部位管理情况；

（十一）涉密会议、活动管理情况；

（十二）信息公开保密审查情况。

第三十三条 保密行政管理部门在保密检查过程中，发现有泄密隐患的，可以查阅有关材料、询问人员、记录情况；对有关设施、设备、文件资料等可以依法先行登记保存，必要时进行保密技术检测。有关机关、单位及其工作人员对保密检查应当予以配合。

保密行政管理部门实施检查后，应当出具检查意见，对需要整改的，应当明确整改内容和期限。

第三十四条 机关、单位发现国家秘密已经泄露或者可能泄露的，应当立即采取补救措施，并在24小时内向同级保密行政管理部门和上级主管部门报告。

地方各级保密行政管理部门接到泄密报告的，应当在24小时内逐级报至国家保密行政管理部门。

第三十五条 保密行政管理部门对公民举报、机关和单位报告、保密检查发现、有关部门移送的涉嫌泄露国家秘密的线索和案件，应当依法及时调查或者组织、督促有关机关、单位调查处理。调查工作结束后，认为有违反保密法律法规的事实，需要追究责任的，保密行政管理部门可以向有关机关、单位提出处理建议。有关机关、单位应当及时将处理结果书面告知同级保密行政管理部门。

第三十六条 保密行政管理部门收缴非法获取、持有的国家秘密载体，应当进行登记并出具清单，查清密级、数量、来源、扩散范围等，并采取相应的保密措施。

保密行政管理部门可以提请公安、工商行政管理等有关部门协助收缴非法获取、持有的国家秘密载体，有关部门应当予以配合。

第三十七条　国家保密行政管理部门或者省、自治区、直辖市保密行政管理部门应当依据保密法律法规和保密事项范围，对办理涉嫌泄露国家秘密案件的机关提出鉴定的事项是否属于国家秘密、属于何种密级作出鉴定。

保密行政管理部门受理鉴定申请后，应当自受理之日起 30 日内出具鉴定结论；不能按期出具鉴定结论的，经保密行政管理部门负责人批准，可以延长 30 日。

第三十八条　保密行政管理部门及其工作人员应当按照法定的职权和程序开展保密审查、保密检查和泄露国家秘密案件查处工作，做到科学、公正、严格、高效，不得利用职权谋取利益。

第五章　法律责任

第三十九条　机关、单位发生泄露国家秘密案件不按照规定报告或者未采取补救措施的，对直接负责的主管人员和其他直接责任人员依法给予处分。

第四十条　在保密检查或者泄露国家秘密案件查处中，有关机关、单位及其工作人员拒不配合，弄虚作假，隐匿、销毁证据，或者以其他方式逃避、妨碍保密检查或者泄露国家秘密案件查处的，对直接负责的主管人员和其他直接责任人员依法给予处分。

企业事业单位及其工作人员协助机关、单位逃避、妨碍保密检查或者泄露国家秘密案件查处的，由有关主管部门依法予以处罚。

第四十一条　经保密审查合格的企业事业单位违反保密管理规定的，由保密行政管理部门责令限期整改，逾期不改或者整改后仍不符合要求的，暂停涉密业务；情节严重的，停止涉密业务。

第四十二条　涉密信息系统未按照规定进行检测评估和审查而投入使用的，由保密行政管理部门责令改正，并建议有关机关、单位对直接负责的主管人员和其他直接责任人员依法给予处分。

第四十三条　机关、单位委托未经保密审查的单位从事涉密业务的，由有关机关、单位对直接负责的主管人员和其他直接责任人员依法给予处分。

未经保密审查的单位从事涉密业务的，由保密行政管理部门责令停止违法行为；有违法所得的，由工商行政管理部门没收违法所得。

第四十四条 保密行政管理部门未依法履行职责，或者滥用职权、玩忽职守、徇私舞弊的，对直接负责的主管人员和其他直接责任人员依法给予处分；构成犯罪的，依法追究刑事责任。

第六章 附　　则

第四十五条 本条例自 2014 年 3 月 1 日起施行。1990 年 4 月 25 日国务院批准、1990 年 5 月 25 日国家保密局发布的《中华人民共和国保守国家秘密法实施办法》同时废止。

国家秘密鉴定工作规定

（2021 年 7 月 30 日国家保密局令 2021 年第 1 号公布　自 2021 年 9 月 1 日起施行）

第一章 总　　则

第一条 为了规范国家秘密鉴定工作，根据《中华人民共和国保守国家秘密法》及其实施条例，制定本规定。

第二条 本规定所称国家秘密鉴定，是指保密行政管理部门对涉嫌泄露国家秘密案件中有关事项是否属于国家秘密以及属于何种密级进行鉴别和认定的活动。

第三条 国家秘密鉴定的申请、受理、办理、复核、监督等，适用本规定。

第四条 国家秘密鉴定应当遵循依法、客观、公正的原则，做到事实清楚、依据充分、程序规范、结论准确。

第五条 办理涉嫌泄露国家秘密案件的纪检监察、侦查、公诉、审判机关（以下统称办案机关）可以申请国家秘密鉴定。

国家保密行政管理部门、省（自治区、直辖市）保密行政管理部门负责国家秘密鉴定。

第六条 国家秘密鉴定应当以保密法律法规、保密事项范围和国家秘密确定、变更、解除文件为依据。

第七条 下列事项不得鉴定为国家秘密：

（一）需要公众广泛知晓或者参与的；

（二）属于工作秘密、商业秘密、个人隐私的；

（三）已经依法公开或者泄露前已经无法控制知悉范围的；

（四）法律、法规或者国家有关规定要求公开的；

（五）其他泄露后对国家安全和利益不会造成损害的。

第二章 申请和受理

第八条 中央一级办案机关申请国家秘密鉴定的，应当向国家保密行政管理部门提出。省级及以下办案机关申请国家秘密鉴定的，应当向所在地省（自治区、直辖市）保密行政管理部门提出。

国家保密行政管理部门可以根据工作需要，对省（自治区、直辖市）保密行政管理部门负责鉴定的重大、疑难、复杂事项直接进行鉴定。

第九条 办案机关申请国家秘密鉴定，应当提交下列材料：

（一）申请国家秘密鉴定的公文；

（二）需要进行国家秘密鉴定的事项（以下简称鉴定事项）及鉴定事项清单；

（三）进行国家秘密鉴定需要掌握的有关情况说明，包括案件基本情况、鉴定事项来源、泄露对象和时间、回避建议等。

第十条 申请国家秘密鉴定的公文应当以办案机关名义作出，说明认为相关事项涉嫌属于国家秘密的理由或者依据。

鉴定事项属于咨询意见、聊天记录、讯（询）问笔录、视听资料、电子数据、物品等的，办案机关应当进行筛查和梳理，明确其中涉嫌属于国家秘密、需要申请鉴定的具体内容。

鉴定事项不属于中文的，办案机关应当同时提供中文译本。保密行政管理部门就办案机关提供的中文译本进行鉴定。

第十一条 国家秘密鉴定申请有下列情形之一的，保密行政管理部门不予受理：

（一）申请机关和申请方式不符合本规定第五条、第八条要求的；

（二）办案机关已就同一鉴定事项申请国家秘密鉴定的；

（三）鉴定事项内容明显属于捏造的，或者无法核实真伪、来源的；

（四）未按本规定第九条、第十条提供材料，或者修改、补充后仍不符合要求的；

（五）其他不符合法律、法规、规章规定的情形。

第十二条 保密行政管理部门应当自收到申请国家秘密鉴定的公文之日起5日内，对相关材料进行审查，作出是否受理的决定，并告知办案机关。

经审查认为办案机关提交的材料存在瑕疵、不完整或者不能满足鉴定需要的，应当通知办案机关予以修改或者补充。审查受理时间自相关材料修改完成或者补齐之日起计算。

经审查决定不予受理的，应当说明理由并退还相关材料。

第十三条 办案机关不服不予受理决定的，可以在接到通知之日起10日内，向作出不予受理决定的保密行政管理部门提出书面异议，并按照本规定第九条、第十条规定提供相关材料。

保密行政管理部门应当在10日内，对相关材料进行审查，对符合受理条件的，作出受理决定；对不应受理的，书面告知提出异议的机关并退还相关材料。

省级及以下办案机关提出异议后，对省（自治区、直辖市）保密行政管理部门再次作出的不予受理决定仍有异议的，可以向国家保密行政管理部门提出书面异议。国家保密行政管理部门经审查认为确实不应受理的，书面告知提出异议的机关并退还相关材料；对符合受理条件的，应当要求作出不予受理决定的保密行政管理部门受理鉴定申请。

第三章 鉴定程序

第十四条 受理鉴定申请后，保密行政管理部门应当就下列情况向鉴定事项产生单位征求鉴定意见：

（一）鉴定事项是否由其产生，内容是否真实；

（二）鉴定事项是否已经按照法定程序确定、变更、解除国家秘密，及其时间、理由和依据；

（三）鉴定事项是否应当属于国家秘密及何种密级，是否应当变更或者解除国家秘密，及其理由和依据。

第十五条 存在鉴定事项产生单位不明确，涉及多个机关、单位以及行业、领域，或者有关单位鉴定意见不明确、理由和依据不充分等情形的，保密行政管理部门可以向有关业务主管部门或者相关机关、单位征求鉴定意见。

鉴定事项属于执行、办理已经确定的国家秘密事项的，受理鉴定的保密行政管理部门可以根据工作需要，向原定密单位或者有关业务主管部门征求鉴定意见。

第十六条 国家保密行政管理部门受理鉴定后，对属于地方各级机关、单位产生的鉴定事项，可以征求鉴定事项产生地省（自治区、直辖市）保密行政管理部门鉴定意见。

省（自治区、直辖市）保密行政管理部门受理鉴定后，对属于中央和国家机关产生的鉴定事项，应当直接征求该中央和国家机关鉴定意见；对属于其他地方机关、单位产生的鉴定事项，应当征求相关省（自治区、直辖市）保密行政管理部门鉴定意见。

第十七条 保密行政管理部门征求机关、单位鉴定意见的，机关、单位应当予以配合，按照要求及时提出鉴定意见或者提供相关材料。

第十八条 鉴定事项重大、疑难、复杂或者专业性强、涉及专门技术等问题的，保密行政管理部门可以向相关领域专家进行咨询，为作出国家秘密鉴定结论提供参考。

第十九条 对拟鉴定为国家秘密的事项，保密行政管理部门可以根据工作需要，组织有关机关、单位或者专家对其泄露后已经或者可能造成的危害进行评估。

第二十条 国家秘密鉴定结论应当按照保密法律法规和保密事项范围等鉴定依据，在分析研判有关意见基础上，报保密行政管理部门负责人审批后作出。

第二十一条 省（自治区、直辖市）保密行政管理部门对中央和国家机关、其他省（自治区、直辖市）保密行政管理部门答复的鉴定意见有异议的，或者认为本地区产生的绝密级事项鉴定依据不明确、有争议的，报国家保密行政管理部门审核后，作出鉴定结论。

第二十二条 保密行政管理部门作出鉴定结论应当出具国家秘密鉴定书。国家秘密鉴定书应当包括以下内容：

（一）鉴定事项名称或者内容；

（二）鉴定依据和鉴定结论；

（三）其他需要说明的情况；

（四）鉴定机关名称和鉴定日期。

国家秘密鉴定书应当加盖保密行政管理部门印章。

第二十三条 保密行政管理部门应当在受理国家秘密鉴定申请后30日内作出鉴定结论并出具国家秘密鉴定书。因鉴定事项疑难、复杂等不能按期出具国家秘密鉴定书的，经保密行政管理部门负责人批准，可以适当延长工作时限，延长时限最长不超过30日。

保密行政管理部门征求有关机关、单位鉴定意见，进行专家咨询时，应当明确答复期限，一般不超过15日；对鉴定事项数量较多、疑难、复杂等情况的，经双方协商，可以延长15日。

机关、单位提出鉴定意见，专家咨询等时间不计入保密行政管理部门国家秘密鉴定办理期限。

第四章 复 核

第二十四条 办案机关有明确理由或者证据证明保密行政管理部门作出的鉴定结论可能错误的，可以向国家保密行政管理部门申请复核。

第二十五条 办案机关申请复核的，应当提交申请复核的公文，说明申请复核的内容和理由，按照本规定第九条、第十条要求提供相关材料，并附需要进行复核的国家秘密鉴定书。

第二十六条 国家保密行政管理部门受理复核申请后，应当向作出鉴定结论的保密行政管理部门调阅鉴定档案、了解有关情况，对其鉴定程序是否规范、依据是否明确、理由是否充分、结论是否准确等进行审核，并根据需要征求有关机关、单位鉴定意见，进行专家咨询或者组织开展危害评估。

第二十七条 国家秘密鉴定复核结论应当按照保密法律法规和保密事项范围等鉴定依据，在分析研判原鉴定情况以及有关意见基础上，报国家保密行政管理部门主要负责人审批后作出。

国家保密行政管理部门的复核结论为最终结论。

第二十八条 国家保密行政管理部门作出复核结论应当出具国家秘密鉴定复核决定书。

国家秘密鉴定复核决定书维持原国家秘密鉴定结论的，应当说明依据或者理由；改变原国家秘密鉴定结论的，应当作出最终的鉴定结论并说明依据或者理由。

国家秘密鉴定复核决定书应当以国家保密行政管理部门名义作出，并加盖印章，抄送作出原国家秘密鉴定结论的省（自治区、直辖市）保密行政管理部门。

第二十九条 国家保密行政管理部门应当在受理国家秘密鉴定复核申请后60日内作出复核结论并出具复核决定书。因鉴定事项疑难、复杂等不能按期出具国家秘密鉴定复核决定书的，经国家保密行政管理部门主要负责人批准，可以适当延长工作时限，延长时限最长不超过30日。

征求机关、单位鉴定意见，专家咨询时限按照本规定第二十三条第二、三款办理。

第五章 监督管理

第三十条 国家秘密鉴定工作人员与案件有利害关系或者其他关系可能影响公正鉴定的，应当自行回避；办案机关发现上述情形的，有权申请其回避。国家秘密鉴定工作人员的回避，由其所属保密行政管理部门决定。

机关、单位配合开展国家秘密鉴定工作的人员以及有关专家与案件有利害关系或者其他关系可能影响公正鉴定的，应当回避。

第三十一条 保密行政管理部门向机关、单位征求鉴定意见以及组织专家咨询时，应当对鉴定事项作以下处理：

（一）对涉及不同机关、单位或者行业、领域的内容进行拆分，不向机关、单位或者专家提供与其无关、不应由其知悉的内容；

（二）对涉嫌违法犯罪的责任单位或者责任人姓名等作遮盖、删除处理，不向机关、单位或者专家透露案情以及案件办理情况。

第三十二条 保密行政管理部门及其工作人员，配合开展国家秘密鉴定工作的机关、单位及其工作人员，以及有关专家，应当对国家秘密鉴定工作以及工作中知悉的国家秘密、工作秘密、商业秘密、个人隐私予以保密。

保密行政管理部门在征求鉴定意见、组织专家咨询等过程中，应当向有关机关、单位或者专家明确保密要求，必要时组织签订书面保密承诺。

第三十三条 国家秘密鉴定结论与机关、单位定密情况不一致的，保密行政管理部门应当通知机关、单位予以变更或者纠正；对机关、单位未依法履行定密管理职责、情节严重的，予以通报。

第三十四条 省（自治区、直辖市）保密行政管理部门应当将年度国家秘密鉴定工作情况和作出的国家秘密鉴定结论报国家保密行政管理部门。

第三十五条 保密行政管理部门依法办理国家秘密鉴定，不受其他机关、单位，社会团体和个人干涉。

保密行政管理部门未依法履行职责，或者滥用职权、玩忽职守、徇私舞弊的，对负有责任的领导人员和直接责任人员依法进行处理；构成犯罪的，依法追究刑事责任。

第三十六条 在国家秘密鉴定工作中，负有配合鉴定义务的机关、单位及其工作人员拒不配合，弄虚作假，故意出具错误鉴定意见，造成严重后果的，对直接负责的主管人员和其他直接责任人员依法进行处理；构成犯罪的，依法追究刑事责任。

第六章 附　则

第三十七条 保密行政管理部门办理涉嫌泄露国家秘密案件时，可以根据工作需要，按照本规定直接进行国家秘密鉴定。

鉴定事项产生单位属于军队或者鉴定事项涉嫌属于军事秘密的，由军队相关军级以上单位保密工作机构进行国家秘密鉴定或者协助提出鉴定意见。

第三十八条 执行本规定所需要的文书式样，由国家保密行政管理部门统一制定。工作中需要的其他文书，国家保密行政管理部门没有制定式样的，省（自治区、直辖市）保密行政管理部门可以自行制定式样。

第三十九条 本规定由国家保密局负责解释。

第四十条 本规定自 2021 年 9 月 1 日起施行。2013 年 7 月 15 日国家保密局发布的《密级鉴定工作规定》（国保发〔2013〕5 号）同时废止。

保密事项范围制定、修订和使用办法

（2017 年 3 月 9 日国家保密局令 2017 年第 1 号公布 自 2017 年 4 月 1 日起施行）

第一章 总 则

第一条 为规范国家秘密及其密级的具体范围（以下简称保密事项范围）的制定、修订和使用工作，根据《中华人民共和国保守国家秘密法》（以下简称保密法）及其实施条例，制定本办法。

第二条 保密事项范围由国家保密行政管理部门分别会同外交、公安、国家安全和其他中央有关机关制定、修订。

第三条 制定、修订保密事项范围应当从维护国家安全和利益出发，适应经济社会发展要求，以保密法确定的国家秘密基本范围为遵循，区分不同行业、领域，科学准确划定。

第四条 国家机关和涉及国家秘密的单位（以下简称机关、单位）应当严格依据保密事项范围，规范准确定密，不得比照类推、擅自扩大或者缩小国家秘密事项范围。

第五条 国家保密行政管理部门负责对保密事项范围制定、修订和使用工作进行指导监督。中央有关机关负责组织制定、修订本行业、本领域保密事项范围，并对使用工作进行指导监督。地方各级保密行政管理部门负责对本行政区域内机关、单位使用保密事项范围工作进行指导监督。

第二章 保密事项范围的形式、内容

第六条 保密事项范围名称为"××工作国家秘密范围的规定"，包括正文和目录。

第七条 正文应当以条款形式规定保密事项范围的制定依据，本行业、本领域国家秘密的基本范围，与其他保密事项范围的关系，解释机关和施行日期等内容。

第八条 目录作为规定的附件，名称为"××工作国家秘密目录"，应当以表格形式列明国家秘密具体事项及其密级、保密期限（解密时间或者解密条件）、产生层级、知悉范围等内容。

第九条 目录规定的国家秘密事项的密级应当为确定的密级。除解密时间和解密条件外，目录规定的保密期限应当为最长保密期限。国家秘密事项的产生层级能够明确的，知悉范围能够限定到机关、单位或者具体岗位的，目录应当作出列举。

对专业性强、弹性较大的条目或者名词，目录应当以备注形式作出说明。

第十条 保密事项范围内容属于国家秘密的，应当根据保密法有关规定确定密级和保密期限。

未经保密事项范围制定机关同意，机关、单位不得擅自公开或者对外提供保密事项范围。

第三章 保密事项范围的制定、修订程序

第十一条 有下列情形的，中央有关机关应当与国家保密行政管理部门会商，组织制定或者修订保密事项范围：

（一）主管行业、领域经常产生国家秘密、尚未制定保密事项范围的；

（二）保密事项范围内容已不适应实际工作需要的；

（三）保密事项范围内容与法律法规规定不相符合的；

（四）因机构改革或者调整，影响保密事项范围适用的；

（五）其他应当制定或者修订的情形。

其他机关、单位认为有上述情形，需要制定、修订保密事项范围的，可以向国家保密行政管理部门或者中央有关机关提出建议。

第十二条 保密事项范围由主管相关行业、领域工作的中央有关机关负责起草；涉及多个部门或者行业、领域的，由承担主要职能的中央

有关机关牵头负责起草；不得委托社会中介机构及其他社会组织或者个人起草。

国家保密行政管理部门、中央有关机关应当定期对起草工作进行研究会商。

第十三条　中央有关机关起草保密事项范围，应当进行调查研究，总结梳理本行业、本领域国家秘密事项，广泛征求有关机关、单位和相关领域专家意见。

第十四条　中央有关机关完成起草工作后，应当将保密事项范围送审稿送国家保密行政管理部门审核，同时提交下列材料：

（一）保密事项范围送审稿的说明；

（二）有关机关、单位或者相关领域专家的意见；

（三）其他有关材料，主要包括所在行业、领域国家秘密事项总结梳理情况等。

第十五条　国家保密行政管理部门对保密事项范围送审稿应当从以下方面进行审核：

（一）形式是否符合本办法规定；

（二）所列事项是否符合保密法关于国家秘密的规定；

（三）所列事项是否涵盖所在行业、领域国家秘密；

（四）所列事项是否属于法律法规要求公开或者其他不得确定为国家秘密的事项；

（五）所列事项表述是否准确、规范并具有可操作性；

（六）是否与其他保密事项范围协调、衔接；

（七）其他需要审核的内容。

国家保密行政管理部门可以组织有关专家对保密事项范围送审稿进行评议，听取意见。

第十六条　国家保密行政管理部门审核认为保密事项范围送审稿需要作出修改的，应当与中央有关机关会商议定；需要进一步征求意见的，应当征求有关机关、单位意见；无需修改的，应当会同中央有关机关形成保密事项范围草案和草案说明，并启动会签程序。

第十七条　保密事项范围应当由国家保密行政管理部门、中央有关机关主要负责人共同签署批准。

第十八条 保密事项范围使用中央有关机关的发文字号印发。印发时,应当严格控制发放范围,并注明能否转发以及转发范围。

第四章 保密事项范围的使用

第十九条 机关、单位定密应当符合保密事项范围目录的规定。

第二十条 机关、单位依据保密事项范围目录定密,应当遵循下列要求:

(一)密级应当严格按照目录的规定确定,不得高于或者低于规定的密级;

(二)保密期限应当在目录规定的最长保密期限内合理确定,不得超出最长保密期限;目录明确规定解密条件或解密时间的,从其规定;

(三)知悉范围应当依据目录的规定,根据工作需要限定到具体人员;不能限定到具体人员的,应当限定到具体单位、部门或者岗位。

第二十一条 机关、单位可以依据本行业、本领域和相关行业、领域保密事项范围目录,整理制定国家秘密事项一览表(细目),详细列举本机关、本单位产生的国家秘密事项的具体内容、密级、保密期限(解密条件或者解密时间)、产生部门或者岗位、知悉人员以及载体形式等。

国家秘密事项一览表(细目),应当经本机关、本单位审定后实施,并报同级保密行政管理部门备案。

第二十二条 机关、单位对符合保密法规定,但保密事项范围正文和目录没有规定的不明确事项,应当按照保密法实施条例第十九条的规定办理。

第二十三条 保密行政管理部门进行密级鉴定,需要适用保密事项范围的,应当以保密事项范围的目录作为依据;直接适用正文的,应当征求制定保密事项范围的中央有关机关意见。

第二十四条 中央有关机关应当加强对本行业、本领域保密事项范围使用的教育培训,确保所在行业、领域准确理解保密事项范围的内容、使用要求。

机关、单位应当将保密事项范围的学习、使用纳入定密培训内容,确保定密责任人和承办人熟悉并准确掌握相关保密事项范围内容,严格依据保密事项范围定密。

第二十五条 保密行政管理部门应当加强对机关、单位使用保密事项范围情况的监督检查，发现保密事项范围使用不当的，应当及时通知机关、单位予以纠正。

第五章 保密事项范围的解释、清理

第二十六条 有下列情形的，中央有关机关应当会同国家保密行政管理部门对保密事项范围作出书面解释：

（一）目录内容需要明确具体含义的；

（二）有关事项在目录中没有规定但符合正文规定情形，需要明确适用条件、适用范围的；

（三）不同保密事项范围对同类事项规定不一致的；

（四）其他需要作出解释的情形。

保密事项范围的解释和保密事项范围具有同等效力。

第二十七条 机关、单位认为保密事项范围存在本办法第二十六条规定情形的，可以建议保密事项范围制定机关作出解释。

第二十八条 保密事项范围的解释参照制定、修订程序作出。除涉及特殊国家秘密事项、需控制知悉范围的，应当按照保密事项范围印发范围发放。

第二十九条 国家保密行政管理部门、中央有关机关应当每五年对保密事项范围及其解释进行一次清理，也可以根据工作需要适时组织清理，并作出继续有效、进行修订、宣布废止等处理；对属于国家秘密的保密事项范围及其解释，应当同时作出是否解密的决定。

第三十条 保密事项范围部分内容宣布废止、失效或者由其他保密事项范围替代的，不影响该保密事项范围其他部分的效力。

第六章 附 则

第三十一条 本办法施行前制定实施的保密事项范围，没有目录的应当即行清理，清理之前的继续有效，有关事项的保密期限和知悉范围按照保密法有关规定确定。

第三十二条 本办法由国家保密局负责解释。

第三十三条 本办法自2017年4月1日起施行。

派生国家秘密定密管理暂行办法

（2023 年 2 月 27 日）

第一条 为规范派生国家秘密定密（以下简称派生定密）管理，根据《中华人民共和国保守国家秘密法》及其实施条例，制定本办法。

第二条 本办法适用于国家机关和涉及国家秘密的单位（以下简称机关、单位）开展派生定密的工作。

第三条 本办法所称派生定密，是指机关、单位对执行或者办理已定密事项所产生的国家秘密，依法确定、变更和解除的活动。

第四条 本办法所称保密要点（以下简称密点），是指决定一个事项具备国家秘密本质属性的关键内容，可以与非国家秘密以及其他密点明确区分。

第五条 机关、单位开展派生定密，不受定密权限限制。无法定定密权的机关、单位可以因执行或者办理已定密事项，派生国家秘密。具有较低定密权的机关、单位可以因执行或者办理较高密级的已定密事项，派生超出本机关、单位定密权限的国家秘密。

第六条 机关、单位负责人及其指定的人员为本机关、本单位的派生定密责任人，履行派生国家秘密确定、变更和解除的责任。

第七条 机关、单位因执行或者办理已定密事项而产生的事项（以下简称派生事项），符合下列情形之一的，应当确定为国家秘密：

（一）与已定密事项完全一致的；

（二）涉及已定密事项密点的；

（三）是对已定密事项进行概括总结、编辑整合、具体细化的；

（四）原定密机关、单位对使用已定密事项有明确定密要求的。

第八条 派生国家秘密的密级应当与已定密事项密级保持一致。已定密事项明确密点及其密级的，应当与所涉及密点的最高密级保持一致。

第九条 派生国家秘密的保密期限应当按照已定密事项的保密期限确定，或者与所涉及密点的最长保密期限保持一致。已定密事项未明确保密期限的，可以征求原定密机关、单位意见后确定并作出标注，或者按照保密法规定的最长保密期限执行。

第十条　派生国家秘密的知悉范围，应当根据工作需要确定，经本机关、本单位负责人批准。能够限定到具体人员的，限定到具体人员。

原定密机关、单位有明确规定的，应当遵守其规定。

第十一条　派生国家秘密的确定应当按照国家秘密确定的法定程序进行。承办人依据已定密事项或者密点，拟定密级、保密期限和知悉范围，报定密责任人审核。定密责任人对承办人意见进行审核，作出决定。

派生定密应当作出书面记录，注明承办人、定密责任人和定密依据。定密依据应当写明依据的文件名称、文号、密级、保密期限等。

第十二条　机关、单位所执行或者办理的已定密事项没有变更或者解密的，派生国家秘密不得变更或者解密；所执行或者办理的已定密事项已经变更或者解密的，派生国家秘密的密级、保密期限、知悉范围应当及时作出相应变更或者予以解密。

机关、单位认为所执行或者办理的已定密事项需要变更或者解密的，可以向原定密机关、单位或者其上级机关、单位提出建议。未经有关机关、单位同意，派生国家秘密不得擅自变更或者解密。

第十三条　派生国家秘密的变更、解除程序应当履行国家秘密变更或者解除的法定程序。承办人依据已定密事项或者密点的变更、解除情况，提出派生国家秘密变更或者解除意见，报定密责任人审核批准，并作出书面记录。

书面记录应当注明承办人、定密责任人、已定密事项或者密点的变更或者解除情况，以及解密后作为工作秘密管理或者予以公开等。

第十四条　派生事项不是对已定密事项内容或者密点进行概括总结、编辑整合、具体细化的，不应当派生定密。该事项是否需要定密，应当依照保密法律法规和国家秘密及其密级具体范围（以下简称保密事项范围）判断。

第十五条　派生事项既包括已定密事项内容或者密点，也包括有关行业、领域保密事项范围规定事项的，应当同时依据已定密事项和有关保密事项范围进行定密。密级、保密期限应当按照已定密事项和保密事项范围规定事项的最高密级、最长保密期限确定。知悉范围根据工作需要限定到最小范围。

第十六条　原定密机关、单位应当准确确定并规范标注国家秘密的密级、保密期限和知悉范围。对涉密国家科学技术、涉密科研项目、涉密工程、涉密政府采购以及其他可以明确密点的，应当确定密点并作出标注；不能明确标注的，可以附件、附注等形式作出说明。对无法明确密点的，可以编制涉密版和非涉密版，或者对执行、办理环节是否涉及国家秘密、工作秘密等提出明确要求。

原定密机关、单位发现其他机关、单位执行或者办理本机关、本单位已定密事项存在派生定密不当情形的，应当及时要求纠正或者建议纠正，必要时提起保密行政管理部门通知纠正或者责令整改。

第十七条　机关、单位对已定密事项是否已变更或者解除以及派生事项是否涉及密点等情况不明确的，可以向原定密机关、单位请示或者函询，原定密机关、单位应当及时予以答复。

第十八条　机关、单位应当依法履行派生定密主体责任，加强对本机关、本单位派生定密的监督管理，发现存在派生定密不当情形的，应当及时纠正。

第十九条　上级机关、单位应当加强对下级机关、单位派生定密的指导和监督，发现下级机关、单位派生定密不当的，应当及时通知其纠正，也可以直接纠正。

第二十条　各级保密行政管理部门应当依法对机关、单位派生定密进行指导、监督和检查，对发现的问题及时通知纠正或者责令整改。

第二十一条　机关、单位发现定密责任人和承办人定密不当，有下列情形之一的，应当及时纠正并进行批评教育；造成严重后果的，依规依纪依法给予处分：

（一）派生事项应当确定国家秘密而未确定的；

（二）派生事项不应当确定国家秘密而确定的；

（三）未按照法定程序派生定密的；

（四）未按规定标注派生国家秘密标志的；

（五）未按规定变更派生国家秘密的密级、保密期限、知悉范围的；

（六）派生国家秘密不应当解除而解除的；

（七）派生国家秘密应当解除而未解除的；

（八）违反本办法的其他情形。

第二十二条　本办法由国家保密局负责解释。

第二十三条　本办法自 2023 年 4 月 1 日起施行。

国家秘密定密管理暂行规定

（2014 年 3 月 9 日国家保密局令 2014 年第 1 号公布　自公布之日起施行）

第一章　总　　则

第一条　为加强国家秘密定密管理，规范定密行为，根据《中华人民共和国保守国家秘密法》（以下简称保密法）及其实施条例，制定本规定。

第二条　本规定所称定密，是指国家机关和涉及国家秘密的单位（以下简称机关、单位）依法确定、变更和解除国家秘密的活动。

第三条　机关、单位定密以及定密责任人的确定、定密授权和定密监督等工作，适用本规定。

第四条　机关、单位定密应当坚持最小化、精准化原则，做到权责明确、依据充分、程序规范、及时准确，既确保国家秘密安全，又便利信息资源合理利用。

第五条　机关、单位应当依法开展定密工作，建立健全相关管理制度，定期组织培训和检查，接受保密行政管理部门和上级机关、单位或者业务主管部门的指导和监督。

第二章　定密授权

第六条　中央国家机关、省级机关以及设区的市、自治州一级的机关（以下简称授权机关）可以根据工作需要或者机关、单位申请作出定密授权。

保密行政管理部门应当将授权机关名单在有关范围内公布。

第七条　中央国家机关可以在主管业务工作范围内作出授予绝密级、

机密级和秘密级国家秘密定密权的决定。省级机关可以在主管业务工作范围内或者本行政区域内作出授予绝密级、机密级和秘密级国家秘密定密权的决定。设区的市、自治州一级的机关可以在主管业务工作范围内或者本行政区域内作出授予机密级和秘密级国家秘密定密权的决定。

定密授权不得超出授权机关的定密权限。被授权机关、单位不得再行授权。

第八条 授权机关根据工作需要，可以对承担本机关定密权限内的涉密科研、生产或者其他涉密任务的机关、单位，就具体事项作出定密授权。

第九条 没有定密权但经常产生国家秘密事项的机关、单位，或者虽有定密权但经常产生超出其定密权限的国家秘密事项的机关、单位，可以向授权机关申请定密授权。

机关、单位申请定密授权，应当向其上级业务主管部门提出；没有上级业务主管部门的，应当向其上级机关提出。

机关、单位申请定密授权，应当书面说明拟申请的定密权限、事项范围、授权期限以及申请依据和理由。

第十条 授权机关收到定密授权申请后，应当依照保密法律法规和国家秘密及其密级的具体范围（以下简称保密事项范围）进行审查。对符合授权条件的，应当作出定密授权决定；对不符合授权条件的，应当作出不予授权的决定。

定密授权决定应当以书面形式作出，明确被授权机关、单位的名称和具体定密权限、事项范围、授权期限。

第十一条 授权机关应当对被授权机关、单位行使所授定密权情况进行监督，对发现的问题及时纠正。

保密行政管理部门发现定密授权不当或者被授权机关、单位对所授定密权行使不当的，应当通知有关机关、单位纠正。

第十二条 被授权机关、单位不再经常产生授权范围内的国家秘密事项，或者因保密事项范围调整授权事项不再作为国家秘密的，授权机关应当及时撤销定密授权。

因保密事项范围调整授权事项密级发生变化的，授权机关应当重新作出定密授权。

第十三条 中央国家机关、省级机关作出的授权决定和撤销授权决定，报国家保密行政管理部门备案。设区的市、自治州一级的机关作出的授权决定和撤销授权决定，报省、自治区、直辖市保密行政管理部门备案。

机关、单位收到定密授权决定或者撤销定密授权决定后，应当报同级保密行政管理部门备案。

第三章 定密责任人

第十四条 机关、单位负责人为本机关、本单位的定密责任人，对定密工作负总责。

根据工作需要，机关、单位负责人可以指定本机关、本单位其他负责人、内设机构负责人或者其他工作人员为定密责任人，并明确相应的定密权限。

机关、单位指定的定密责任人应当熟悉涉密业务工作，符合在涉密岗位工作的基本条件。

第十五条 机关、单位应当在本机关、本单位内部公布定密责任人名单及其定密权限，并报同级保密行政管理部门备案。

第十六条 机关、单位定密责任人和承办人应当接受定密培训，熟悉定密职责和保密事项范围，掌握定密程序和方法。

第十七条 机关、单位负责人发现其指定的定密责任人未依法履行定密职责的，应当及时纠正；有下列情形之一的，应当作出调整：

（一）定密不当，情节严重的；

（二）因离岗离职无法继续履行定密职责的；

（三）保密行政管理部门建议调整的；

（四）因其他原因不宜从事定密工作的。

第四章 国家秘密确定

第十八条 机关、单位确定国家秘密应当依据保密事项范围进行。保密事项范围没有明确规定但属于保密法第九条、第十条规定情形的，应当确定为国家秘密。

第十九条 下列事项不得确定为国家秘密：

（一）需要社会公众广泛知晓或者参与的；
（二）属于工作秘密、商业秘密、个人隐私的；
（三）已经依法公开或者无法控制知悉范围的；
（四）法律、法规或者国家有关规定要求公开的。

第二十条　机关、单位对所产生的国家秘密事项有定密权的，应当依法确定密级、保密期限和知悉范围。没有定密权的，应当先行采取保密措施，并立即报请有定密权的上级机关、单位确定；没有上级机关、单位的，应当立即提请有相应定密权限的业务主管部门或者保密行政管理部门确定。

机关、单位执行上级机关、单位或者办理其他机关、单位已定密事项所产生的国家秘密事项，根据所执行或者办理的国家秘密事项确定密级、保密期限和知悉范围。

第二十一条　机关、单位确定国家秘密，应当依照法定程序进行并作出书面记录，注明承办人、定密责任人和定密依据。

第二十二条　国家秘密具体的保密期限一般应当以日、月或者年计；不能确定具体的保密期限的，应当确定解密时间或者解密条件。国家秘密的解密条件应当明确、具体、合法。

除保密事项范围有明确规定外，国家秘密的保密期限不得确定为长期。

第二十三条　国家秘密的知悉范围应当在国家秘密载体上标明。不能标明的，应当书面通知知悉范围内的机关、单位或者人员。

第二十四条　国家秘密一经确定，应当同时在国家秘密载体上作出国家秘密标志。国家秘密标志形式为"密级★保密期限"、"密级★解密时间"或者"密级★解密条件"。

在纸介质和电子文件国家秘密载体上作出国家秘密标志的，应当符合有关国家标准。没有国家标准的，应当标注在封面左上角或者标题下方的显著位置。光介质、电磁介质等国家秘密载体和属于国家秘密的设备、产品的国家秘密标志，应当标注在壳体及封面、外包装的显著位置。

国家秘密标志应当与载体不可分离，明显并易于识别。

无法作出或者不宜作出国家秘密标志的，确定该国家秘密的机关、单位应当书面通知知悉范围内的机关、单位或者人员。凡未标明保密期限或者解密条件，且未作书面通知的国家秘密事项，其保密期限按照绝密级事项三十年、机密级事项二十年、秘密级事项十年执行。

第二十五条　两个以上机关、单位共同产生的国家秘密事项，由主办该事项的机关、单位征求协办机关、单位意见后确定。

临时性工作机构的定密工作，由承担该机构日常工作的机关、单位负责。

第五章　国家秘密变更

第二十六条　有下列情形之一的，机关、单位应当对所确定国家秘密事项的密级、保密期限或者知悉范围及时作出变更：

（一）定密时所依据的法律法规或者保密事项范围发生变化的；

（二）泄露后对国家安全和利益的损害程度发生明显变化的。

必要时，上级机关、单位或者业务主管部门可以直接变更下级机关、单位确定的国家秘密事项的密级、保密期限或者知悉范围。

第二十七条　机关、单位认为需要延长所确定国家秘密事项保密期限的，应当在保密期限届满前作出决定；延长保密期限使累计保密期限超过保密事项范围规定的，应当报规定该保密事项范围的中央有关机关批准，中央有关机关应当在接到报告后三十日内作出决定。

第二十八条　国家秘密知悉范围内的机关、单位，其有关工作人员不在知悉范围内，但因工作需要知悉国家秘密的，应当经机关、单位负责人批准。

国家秘密知悉范围以外的机关、单位及其人员，因工作需要知悉国家秘密的，应当经原定密机关、单位同意。

原定密机关、单位对扩大知悉范围有明确规定的，应当遵守其规定。

扩大国家秘密知悉范围应当作出详细记录。

第二十九条　国家秘密变更按照国家秘密确定程序进行并作出书面记录。

国家秘密变更后，原定密机关、单位应当及时在原国家秘密标志附近重新作出国家秘密标志。

第三十条　机关、单位变更国家秘密的密级、保密期限或者知悉范围的，应当书面通知知悉范围内的机关、单位或者人员。有关机关、单位或者人员接到通知后，应当在国家秘密标志附近标明变更后的密级、保密期限和知悉范围。

延长保密期限的书面通知，应当于原定保密期限届满前送达知悉范围内的机关、单位或者人员。

第六章 国家秘密解除

第三十一条 机关、单位应当每年对所确定的国家秘密进行审核，有下列情形之一的，及时解密：

（一）保密法律法规或者保密事项范围调整后，不再属于国家秘密的；

（二）公开后不会损害国家安全和利益，不需要继续保密的。

机关、单位经解密审核，对本机关、本单位或者下级机关、单位尚在保密期限内的国家秘密事项决定公开的，正式公布即视为解密。

第三十二条 国家秘密的具体保密期限已满、解密时间已到或者符合解密条件的，自行解密。

第三十三条 保密事项范围明确规定保密期限为长期的国家秘密事项，机关、单位不得擅自解密；确需解密的，应当报规定该保密事项范围的中央有关机关批准，中央有关机关应当在接到报告后三十日内作出决定。

第三十四条 除自行解密的外，国家秘密解除应当按照国家秘密确定程序进行并作出书面记录。

国家秘密解除后，有关机关、单位或者人员应当及时在原国家秘密标志附近作出解密标志。

第三十五条 除自行解密和正式公布的外，机关、单位解除国家秘密，应当书面通知知悉范围内的机关、单位或者人员。

第三十六条 机关、单位对所产生的国家秘密事项，解密之后需要公开的，应当依照信息公开程序进行保密审查。

机关、单位对已解密的不属于本机关、本单位产生的国家秘密事项，需要公开的，应当经原定密机关、单位同意。

机关、单位公开已解密的文件资料，不得保留国家秘密标志。对国家秘密标志以及属于敏感信息的内容，应当作删除、遮盖等处理。

第三十七条 机关、单位对拟移交各级国家档案馆的尚在保密期限内的国家秘密档案,应当进行解密审核,对本机关、本单位产生的符合解密条件的档案,应当予以解密。

已依法移交各级国家档案馆的属于国家秘密的档案,其解密办法由国家保密行政管理部门会同国家档案行政管理部门另行制定。

第七章 定密监督

第三十八条 机关、单位应当定期对本机关、本单位定密以及定密责任人履行职责、定密授权等定密制度落实情况进行检查,对发现的问题及时纠正。

第三十九条 机关、单位应当向同级保密行政管理部门报告本机关、本单位年度国家秘密事项统计情况。

下一级保密行政管理部门应当向上一级保密行政管理部门报告本行政区域年度定密工作情况。

第四十条 中央国家机关应当依法对本系统、本行业的定密工作进行指导和监督。

上级机关、单位或者业务主管部门发现下级机关、单位定密不当的,应当及时通知其纠正,也可以直接作出确定、变更或者解除的决定。

第四十一条 保密行政管理部门应当依法对机关、单位定密工作进行指导、监督和检查,对发现的问题及时纠正或者责令整改。

第八章 法律责任

第四十二条 定密责任人和承办人违反本规定,有下列行为之一的,机关、单位应当及时纠正并进行批评教育;造成严重后果的,依纪依法给予处分:

(一)应当确定国家秘密而未确定的;

(二)不应当确定国家秘密而确定的;

(三)超出定密权限定密的;

(四)未按照法定程序定密的;

(五)未按规定标注国家秘密标志的;

(六)未按规定变更国家秘密的密级、保密期限、知悉范围的;

（七）未按要求开展解密审核的；

（八）不应当解除国家秘密而解除的；

（九）应当解除国家秘密而未解除的；

（十）违反本规定的其他行为。

第四十三条 机关、单位未依法履行定密管理职责，导致定密工作不能正常进行的，应当给予通报批评；造成严重后果的，应当依法追究直接负责的主管人员和其他直接责任人员的责任。

第九章　附　　则

第四十四条 本规定下列用语的含义：

（一）"中央国家机关"包括中国共产党中央机关及部门、各民主党派中央机关、全国人大机关、全国政协机关、最高人民法院、最高人民检察院，国务院及其组成部门、直属特设机构、直属机构、办事机构、直属事业单位、部委管理国家局，以及中央机构编制管理部门直接管理机构编制的群众团体机关；

（二）"省级机关"包括省（自治区、直辖市）党委、人大、政府、政协机关，以及人民法院、人民检察院；

（三）"设区的市和自治州一级的机关"包括地（市、州、盟、区）党委、人大、政府、政协机关，以及人民法院、人民检察院，省（自治区、直辖市）直属机关和人民团体，中央国家机关设在省（自治区、直辖市）的直属机构，省（自治区、直辖市）在地区、盟设立的派出机构；

（四）第九条所指"经常"，是指近三年来年均产生六件以上国家秘密事项的情形。

第四十五条 各地区各部门可以依据本规定，制定本地区本部门国家秘密定密管理的具体办法。

第四十六条 公安、国家安全机关定密授权和定密责任人确定的具体办法，由国家保密行政管理部门会同国务院公安、国家安全部门另行制定。

第四十七条 本规定自公布之日起施行。1990年9月19日国家保密局令第2号发布的《国家秘密保密期限的规定》和1990年10月6日国家保密局、国家技术监督局令第 3 号发布的《国家秘密文件、资料和其他物品标志的规定》同时废止。

国家秘密解密暂行办法

（2020 年 6 月 28 日）

第一章 总 则

第一条 为了做好国家秘密解密工作（以下简称解密工作），推动解密工作规范化，根据《中华人民共和国保守国家秘密法》（以下简称保密法）及其实施条例、《国家秘密定密管理暂行规定》，制定本办法。

第二条 国家机关和涉及国家秘密的单位（以下简称机关、单位）的解密工作适用本办法。

第三条 机关、单位应当依法开展解密工作，做到依据充分、程序规范、及时稳妥，既确保国家秘密安全，又便利信息资源合理利用。

第四条 机关、单位应当定期审核所确定的国家秘密，建立保密期限届满提醒制度，对所确定的国家秘密，在保密期限届满前，及时做好解密审核工作。

机关、单位应当建立健全与档案管理、信息公开相结合的解密审核工作机制，明确定密责任人职责和工作要求，做到对所确定的国家秘密保密期限届满前必审核、信息公开前必审核、移交各级国家档案馆前必审核。

第五条 中央和国家机关在其职权范围内依法对本系统、本行业的解密工作进行指导和监督，对发现的问题及时予以纠正。

第六条 保密行政管理部门依法对机关、单位的解密工作进行指导、监督和检查，对发现的问题及时通知纠正。

第二章 解密主体

第七条 国家秘密解密由确定该事项为国家秘密的机关、单位（以下简称原定密机关、单位）负责。其他机关、单位可以向原定密机关、单位提出解密建议。

原定密机关、单位被撤销或者合并的,由承担其职能或者合并后的机关、单位负责解密。没有相应机关、单位的,由原定密机关、单位的上级机关、单位或者同级保密行政管理部门指定的机关、单位负责解密。

第八条 多个机关、单位共同确定的国家秘密,由牵头负责的机关、单位或者文件制发机关、单位负责解密,同时征求其他相关机关、单位的意见。

(决策)议事协调机构、临时性工作机构确定的国家秘密,由承担该机构日常工作的机关、单位,或者牵头成立该机构的机关、单位负责解密。

第九条 下级机关、单位产生的国家秘密,以上级机关、单位名义制发的,由上级机关、单位负责解密。下级机关、单位可以就该国家秘密提出解密建议。

上级机关、单位或者业务主管部门发现下级机关、单位确定的国家秘密应当解密的,可以通知下级机关、单位解密或者直接予以解密。

第十条 对拟移交各级国家档案馆的属于国家秘密的档案,机关、单位应当按照本办法做好解密审核工作。

对已经依法移交到各级国家档案馆的属于国家秘密档案的解密工作,按照国家有关规定执行。

第三章 解密条件

第十一条 明确标注保密期限、解密时间或者解密条件的国家秘密,保密期限已满、解密时间已到或者符合解密条件,且未延长保密期限的,自行解密;解密时间为保密期限届满、解密时间到达或者解密条件达成之时。未明确标注保密期限、解密时间或者解密条件,且未就保密期限作出书面通知的,保密期限按照绝密级三十年、机密级二十年、秘密级十年执行。国家另有规定的,从其规定。

第十二条 国家秘密的保密期限尚未届满、解密时间尚未到达或者解密条件尚未达成,经审核认为符合下列情形之一的,应当及时解密:

(一)保密法律法规或者保密事项范围调整后,有关事项不再属于国家秘密的;

（二）定密时的形势、条件发生变化，有关事项公开后不会损害国家安全和利益、不需要继续保密的；或者根据现行法律、法规和国家有关规定，有关事项应予公开、需要社会公众广泛知晓或者参与的。

符合上述情形国家秘密的解密时间为该事项公开之日或者解密通知注明之日。

第十三条　机关、单位因执行或者办理已定密事项而产生的国家秘密，所执行或者办理的国家秘密解密的，由此产生的国家秘密应当解密。

第十四条　机关、单位经审核认为，国家秘密部分内容符合本办法第十二条、第十三条规定情形，确有必要对该部分内容解密且不影响其他内容继续保密的，可以进行部分解密。

第十五条　保密事项范围明确规定保密期限为长期的国家秘密，不得擅自解密。机关、单位经审核认为确需解密的，应当报规定该保密事项范围的中央和国家机关批准。

第十六条　国家秘密尚未解密的，该国家秘密产生过程中形成的相关涉密事项不得解密。原定密机关、单位认为该相关事项符合解密条件，确有必要解密且解密后不影响国家秘密保密的可以解密。

国家秘密已经解密，但该国家秘密产生过程中形成的相关涉密事项泄露后会损害国家安全和利益的，该相关事项不得解密。

第四章　解密程序

第十七条　国家秘密保密期限届满前，原定密机关、单位应当依法对其进行审核，并履行下列程序：

（一）拟办。承办人依据本办法第十二条、第十三条规定，对某一具体的国家秘密是否解密、何时解密、全部解密或者部分解密、解密后是否作为工作秘密、能否公开等提出意见，作出书面记录（参见附件1），报定密责任人审核。

（二）审定。定密责任人对承办人意见进行审核，作出决定，签署具体意见。机关、单位可以根据工作需要，在定密责任人审核之前增设其他审核把关、论证评估程序。

（三）通知。定密责任人作出解密决定后，机关、单位应当书面通知知悉范围内的机关、单位或者人员，对是否解密，以及解密后作为工作秘密或者予以公开等情况作出说明。解密通知可以单独发布或者以目录形式集中发布。

审核记录应当归档备查。

第十八条 国家秘密解密后正式公布的，机关、单位可以不作书面通知。

第十九条 只标注密级没有标注保密期限的国家秘密，经审核决定按原密级继续保密或者决定变更密级后继续保密的，机关、单位应当按照国家秘密变更程序重新确定保密期限、解密时间或者解密条件，并在书面通知中说明该保密期限、解密时间或者解密条件的起算时间。没有说明起算时间的，自通知印发之日起计算。

延长保密期限使累计保密期限超过保密事项范围规定的，应当报制定该保密事项范围的中央和国家机关批准，中央和国家机关应当在接到报告后三十日内作出决定。

第二十条 对涉密程度高、涉及面广、内容复杂的国家秘密，机关、单位可以就解密事宜组织论证、评估，提出意见建议，供定密责任人参考。

论证、评估意见应当记入解密审核记录，或者作为解密审核记录附件一并归档保存。

第二十一条 国家秘密有关内容涉及其他机关、单位的，应当就解密事宜征求其他机关、单位的意见。

征求意见情况应当记入解密审核记录，或者作为解密审核记录附件一并归档保存。

第二十二条 国家秘密产生过程中形成的相关涉密事项应当与国家秘密一并进行解密审核，同时作出书面记录。

第五章 解密后管理

第二十三条 国家秘密解密后，原定密机关、单位，使用以及保管该事项的机关、单位或者人员，应当在原国家秘密标志附近作出相应标志（参见附件2）。无法作出相应标志的，应当以其他方式对解密情况作出说明。

第二十四条 机关、单位可以建立已解密事项统一发布或者查阅平台，在适当范围内集中发布已解密事项目录或者内容。

第二十五条 国家秘密事项已解密，但符合工作秘密条件的，应当确定为工作秘密，未经原定密机关、单位同意不得擅自公开。

机关、单位公开已解密事项，应当履行相关审查程序；公开已解密事项，不得保留国家秘密标志。涉密档案资料公开形式按照国家有关规定办理。

第二十六条 机关、单位应当将本机关、本单位解密情况纳入国家秘密事项统计范围，每年向同级保密行政管理部门报告。

下一级保密行政管理部门应当将本行政区域年度解密工作情况纳入定密工作情况报告范围，每年向上一级保密行政管理部门报告。

第六章 附 则

第二十七条 2010年10月1日保密法修订施行前产生的国家秘密，原定密机关、单位应当组织进行解密审核，符合本办法规定的解密条件的，予以解密；解密后符合工作秘密条件的，确定为工作秘密进行管理；需要继续保密的，应重新履行定密程序，并及时做好书面通知等相关工作。

第二十八条 本办法由国家保密局负责解释。

第二十九条 本办法自印发之日起施行。

附件1：国家秘密审核表（略）

附件2：国家秘密解密章和变更章（略）

科学数据管理办法

（2018年3月17日 国办发〔2018〕17号）

第一章 总 则

第一条 为进一步加强和规范科学数据管理，保障科学数据安全，提高开放共享水平，更好支撑国家科技创新、经济社会发展和国家安全，根据《中华人民共和国科学技术进步法》、《中华人民共和国促进科技成果转化法》和《政务信息资源共享管理暂行办法》等规定，制定本办法。

第二条 本办法所称科学数据主要包括在自然科学、工程技术科学等领域，通过基础研究、应用研究、试验开发等产生的数据，以及通过观测监测、考察调查、检验检测等方式取得并用于科学研究活动的原始数据及其衍生数据。

第三条 政府预算资金支持开展的科学数据采集生产、加工整理、开放共享和管理使用等活动适用本办法。

任何单位和个人在中华人民共和国境内从事科学数据相关活动，符合本办法规定情形的，按照本办法执行。

第四条 科学数据管理遵循分级管理、安全可控、充分利用的原则，明确责任主体，加强能力建设，促进开放共享。

第五条 任何单位和个人从事科学数据采集生产、使用、管理活动应当遵守国家有关法律法规及部门规章，不得利用科学数据从事危害国家安全、社会公共利益和他人合法权益的活动。

第二章 职　责

第六条 科学数据管理工作实行国家统筹、各部门与各地区分工负责的体制。

第七条 国务院科学技术行政部门牵头负责全国科学数据的宏观管理与综合协调，主要职责是：

（一）组织研究制定国家科学数据管理政策和标准规范；

（二）协调推动科学数据规范管理、开放共享及评价考核工作；

（三）统筹推进国家科学数据中心建设和发展；

（四）负责国家科学数据网络管理平台建设和数据维护。

第八条 国务院相关部门、省级人民政府相关部门（以下统称主管部门）在科学数据管理方面的主要职责是：

（一）负责建立健全本部门（本地区）科学数据管理政策和规章制度，宣传贯彻落实国家科学数据管理政策；

（二）指导所属法人单位加强和规范科学数据管理；

（三）按照国家有关规定做好或者授权有关单位做好科学数据定密

工作；

（四）统筹规划和建设本部门（本地区）科学数据中心，推动科学数据开放共享；

（五）建立完善有效的激励机制，组织开展本部门（本地区）所属法人单位科学数据工作的评价考核。

第九条 有关科研院所、高等院校和企业等法人单位（以下统称法人单位）是科学数据管理的责任主体，主要职责是：

（一）贯彻落实国家和部门（地方）科学数据管理政策，建立健全本单位科学数据相关管理制度；

（二）按照有关标准规范进行科学数据采集生产、加工整理和长期保存，确保数据质量；

（三）按照有关规定做好科学数据保密和安全管理工作；

（四）建立科学数据管理系统，公布科学数据开放目录并及时更新，积极开展科学数据共享服务；

（五）负责科学数据管理运行所需软硬件设施等条件、资金和人员保障。

第十条 科学数据中心是促进科学数据开放共享的重要载体，由主管部门委托有条件的法人单位建立，主要职责是：

（一）承担相关领域科学数据的整合汇交工作；

（二）负责科学数据的分级分类、加工整理和分析挖掘；

（三）保障科学数据安全，依法依规推动科学数据开放共享；

（四）加强国内外科学数据方面交流与合作。

第三章 采集、汇交与保存

第十一条 法人单位及科学数据生产者要按照相关标准规范组织开展科学数据采集生产和加工整理，形成便于使用的数据库或数据集。

法人单位应建立科学数据质量控制体系，保证数据的准确性和可用性。

第十二条 主管部门应建立科学数据汇交制度，在国家统一政务网络和数据共享交换平台的基础上开展本部门（本地区）的科学数据汇交工作。

第十三条 政府预算资金资助的各级科技计划（专项、基金等）项目所形成的科学数据，应由项目牵头单位汇交到相关科学数据中心。接收数据的科学数据中心应出具汇交凭证。

各级科技计划（专项、基金等）管理部门应建立先汇交科学数据、再验收科技计划（专项、基金等）项目的机制；项目/课题验收后产生的科学数据也应进行汇交。

第十四条 主管部门和法人单位应建立健全国内外学术论文数据汇交的管理制度。

利用政府预算资金资助形成的科学数据撰写并在国外学术期刊发表论文时需对外提交相应科学数据的，论文作者应在论文发表前将科学数据上交至所在单位统一管理。

第十五条 社会资金资助形成的涉及国家秘密、国家安全和社会公共利益的科学数据必须按照有关规定予以汇交。

鼓励社会资金资助形成的其他科学数据向相关科学数据中心汇交。

第十六条 法人单位应建立科学数据保存制度，配备数据存储、管理、服务和安全等必要设施，保障科学数据完整性和安全性。

第十七条 法人单位应加强科学数据人才队伍建设，在岗位设置、绩效收入、职称评定等方面建立激励机制。

第十八条 国务院科学技术行政部门应加强统筹布局，在条件好、资源优势明显的科学数据中心基础上，优化整合形成国家科学数据中心。

第四章　共享与利用

第十九条 政府预算资金资助形成的科学数据应当按照开放为常态、不开放为例外的原则，由主管部门组织编制科学数据资源目录，有关目录和数据应及时接入国家数据共享交换平台，面向社会和相关部门开放共享，畅通科学数据军民共享渠道。国家法律法规有特殊规定的除外。

第二十条 法人单位要对科学数据进行分级分类，明确科学数据的密级和保密期限、开放条件、开放对象和审核程序等，按要求公布科学数据开放目录，通过在线下载、离线共享或定制服务等方式向社会开放共享。

第二十一条 法人单位应根据需求，对科学数据进行分析挖掘，形成有价值的科学数据产品，开展增值服务。鼓励社会组织和企业开展市场化增值服务。

第二十二条 主管部门和法人单位应积极推动科学数据出版和传播工作，支持科研人员整理发表产权清晰、准确完整、共享价值高的科学数据。

第二十三条 科学数据使用者应遵守知识产权相关规定，在论文发表、专利申请、专著出版等工作中注明所使用和参考引用的科学数据。

第二十四条 对于政府决策、公共安全、国防建设、环境保护、防灾减灾、公益性科学研究等需要使用科学数据的，法人单位应当无偿提供；确需收费的，应按照规定程序和非营利原则制定合理的收费标准，向社会公布并接受监督。

对于因经营性活动需要使用科学数据的，当事人双方应当签订有偿服务合同，明确双方的权利和义务。

国家法律法规有特殊规定的，遵从其规定。

第五章　保密与安全

第二十五条 涉及国家秘密、国家安全、社会公共利益、商业秘密和个人隐私的科学数据，不得对外开放共享；确需对外开放的，要对利用目的、用户资质、保密条件等进行审查，并严格控制知悉范围。

第二十六条 涉及国家秘密的科学数据的采集生产、加工整理、管理和使用，按照国家有关保密规定执行。主管部门和法人单位应建立健全涉及国家秘密的科学数据管理与使用制度，对制作、审核、登记、拷贝、传输、销毁等环节进行严格管理。

对外交往与合作中需要提供涉及国家秘密的科学数据的，法人单位应明确提出利用数据的类别、范围及用途，按照保密管理规定程序报主管部门批准。经主管部门批准后，法人单位按规定办理相关手续并与用户签订保密协议。

第二十七条 主管部门和法人单位应加强科学数据全生命周期安全管理，制定科学数据安全保护措施；加强数据下载的认证、授权等防护管理，防止数据被恶意使用。

对于需对外公布的科学数据开放目录或需对外提供的科学数据，主管部门和法人单位应建立相应的安全保密审查制度。

第二十八条 法人单位和科学数据中心应按照国家网络安全管理规定，建立网络安全保障体系，采用安全可靠的产品和服务，完善数据管控、属性管理、身份识别、行为追溯、黑名单等管理措施，健全防篡改、防泄露、防攻击、防病毒等安全防护体系。

第二十九条 科学数据中心应建立应急管理和容灾备份机制，按照要求建立应急管理系统，对重要的科学数据进行异地备份。

第六章 附 则

第三十条 主管部门和法人单位应建立完善科学数据管理和开放共享工作评价考核制度。

第三十一条 对于伪造数据、侵犯知识产权、不按规定汇交数据等行为，主管部门可视情节轻重对相关单位和责任人给予责令整改、通报批评、处分等处理或依法给予行政处罚。

对违反国家有关法律法规的单位和个人，依法追究相应责任。

第三十二条 主管部门可参照本办法，制定具体实施细则。涉及国防领域的科学数据管理制度，由有关部门另行规定。

第三十三条 本办法自印发之日起施行。

新闻出版保密规定

（1992年6月13日　国保〔1992〕34号）

第一章 总 则

第一条 为在新闻出版工作中保守国家秘密，根据《中华人民共和国保守国家秘密法》第二十条，制定本规定。

第二条 本规定适用于报刊、新闻电讯、书籍、地图、图文资料、声像制品的出版和发行以及广播节目、电视节目、电影的制作和播放。

第三条 新闻出版的保密工作，坚持贯彻既保守国家秘密又有利于新闻出版工作正常进行的方针。

第四条 新闻出版单位及其采编人员和提供信息单位及其有关人员应当加强联系，协调配合，执行保密法规，遵守保密制度，共同做好新闻出版的保密工作。

第二章 保密制度

第五条 新闻出版单位和提供信息的单位，应当根据国家保密法规，建立健全新闻出版保密审查制度。

第六条 新闻出版保密审查实行自审与送审相结合的制度。

第七条 新闻出版单位和提供信息的单位，对拟公开出版、报道的信息，应当按照有关的保密规定进行自审；对是否涉及国家秘密界限不清的信息，应当送交有关主管部门或其上级机关、单位审定。

第八条 新闻出版单位及其采编人员需向有关部门反映或通报的涉及国家秘密的信息，应当通过内部途径进行，并对反映或通报的信息按照有关规定作出国家秘密的标志。

第九条 被采访单位、被采访人向新闻出版单位的采编人员提供有关信息时，对其中确因工作需要而又涉及国家秘密的事项，应当事先按照有关规定的程序批准，并采编人员申明；新闻出版单位及其采编人员对被采访单位、被采访人申明属于国家秘密的事项，不得公开报道、出版。

对涉及国家秘密但确需公开报道、出版的信息，新闻出版单位应当向有关主管部门建议解密或者采取删节、改编、隐去等保密措施，并经有关主管部门审定。

第十条 新闻出版单位采访涉及国家秘密的会议或其他活动，应当经主办单位批准。主办单位应当验明采访人员的工作身份，指明哪些内容不得公开报道、出版，并对拟公开报道、出版的内容进行审定。

第十一条 为了防止泄露国家秘密又利于新闻出版工作的正常进行，中央国家机关各部门和其他有关单位，应当根据各自业务工作的性质，加强与新闻出版单位的联系，建立提供信息的正常渠道，健全新闻发布制度，适时通报宣传口径。

第十二条 有关机关、单位应当指定有权代表本机关、单位的审稿机构和审稿人，负责对新闻出版单位送审的稿件是否涉及国家秘密进行审定。对是否涉及国家秘密界限不清的内容,应当报请上级机关、单位审定;涉及其他单位工作中国家秘密的,应当负责征求有关单位的意见。

第十三条 有关机关、单位审定送审的稿件时,应当满足新闻出版单位提出的审定时限的要求,遇有特殊情况不能在所要求的时限内完成审定的,应当及时向送审稿件的新闻出版单位说明,并共同商量解决办法。

第十四条 个人拟向新闻出版单位提供公开报道、出版的信息,凡涉及本系统、本单位业务工作的或对是否涉及国家秘密界限不清的,应当事先经本单位或其上级机关、单位审定。

第十五条 个人拟向境外新闻出版机构提供报道、出版涉及国家政治、经济、外交、科技、军事方面内容的,应当事先经过本单位或其上级机关、单位审定。向境外投寄稿件,应当按照国家有关规定办理。

第三章 泄密的查处

第十六条 国家工作人员或其他公民发现国家秘密被非法报道、出版时,应当及时报告有关机关、单位或保密工作部门。

泄密事件所涉及的新闻出版单位和有关单位,应当主动联系,共同采取补救措施。

第十七条 新闻出版活动中发生的泄密事件,由有关责任单位负责及时调查;责任暂时不清的,由有关保密工作部门决定自行调查或者指定有关单位调查。

第十八条 对泄露国家秘密的责任单位、责任人,应当按照有关法律和规定严肃处理。

第十九条 新闻出版工作中因泄密问题需要对出版物停发、停办或者收缴以及由此造成的经济损失,应当按照有关主管部门的规定处理。

新闻出版单位及其采编人员和提供信息的单位及其有关人员因泄露国家秘密所获得的非法收入,应当依法没收并上缴国家财政。

第四章 附 则

第二十条 新闻出版工作中,各有关单位因有关信息是否属于国家秘密问题发生争执的,由保密工作部门会同有关主管部门依据保密法规确定。

第二十一条　本规定所称的"信息"可以语言、文字、符号、图表、图像等形式表现。

第二十二条　本规定由国家保密局负责解释。

第二十三条　本规定自1992年10月1日起施行。

国家科学技术秘密定密管理办法

（2018年8月8日　国科发创〔2018〕124号）

第一章　总　　则

第一条　为了加强国家科学技术秘密定密管理，规范定密行为，根据《中华人民共和国保守国家秘密法》《中华人民共和国科学技术进步法》《中华人民共和国保守国家秘密法实施条例》《科学技术保密规定》和《国家秘密定密管理暂行规定》，制定本办法。

第二条　本办法所称国家科学技术秘密，是指科学技术规划、计划、项目及成果中，关系国家安全和利益，依照法定程序确定，在一定时间内只限一定范围的人员知悉的事项。

本办法所称定密，是指国家机关和涉及国家科学技术秘密的单位（以下简称机关、单位）依法确定、变更和解除国家科学技术秘密的活动。

第三条　机关、单位定密以及定密责任人的确定、定密授权、备案和监督等工作，适用本办法。

第四条　机关、单位定密应当坚持专业化、最小化、精准化、动态化原则，做到权责明确、依据充分、程序规范、及时准确，既确保国家科学技术秘密安全，又促进科学技术发展。

第五条　机关、单位应当依法开展定密工作，建立健全相关管理制度，定期组织培训和检查，接受科学技术行政管理部门和上级机关、单位或者业务主管部门的指导和监督。

第二章　定密授权

第六条　中央国家机关、省级机关以及设区的市、自治州一级的机关（以下简称授权机关）可以根据工作需要作出定密授权。

（一）中央国家机关可以在主管业务工作范围内作出授予绝密级、机密级和秘密级国家科学技术秘密定密权的决定；

（二）省级机关可以在主管业务工作范围内或者本行政区域内作出授予绝密级、机密级和秘密级国家科学技术秘密定密权的决定；

（三）设区的市、自治州一级的机关可以在主管业务工作范围内或者本行政区域内作出授予机密级和秘密级国家科学技术秘密定密权的决定。

定密授权不得超出授权机关的定密权限。被授权机关、单位不得再行授权。

第七条 授权机关根据工作需要，可以在本机关定密权限内对承担涉密科研管理任务的机关、单位，就具体事项作出定密授权。除此之外，不得作出定密授权。

第八条 定密授权决定应当以书面形式作出，明确被授权机关、单位的名称和具体定密权限、事项范围、授权期限。

第九条 被授权机关、单位不再承担授权范围内的涉密科研管理任务，授权机关应当及时撤销定密授权。

因科学技术保密法律法规和相关工作国家秘密范围（以下简称科学技术秘密事项范围）调整，授权事项密级发生变化，授权机关应当重新作出定密授权。

第三章 定密责任人

第十条 机关、单位负责人为本机关、本单位的定密责任人，对定密工作负总责。

根据工作需要，机关、单位负责人可以指定本机关、本单位分管涉及国家科学技术秘密业务工作的负责人、产生国家科学技术秘密较多的内设机构负责人或者由于岗位职责需要的其他工作人员为定密责任人，并明确相应的定密权限。

第十一条 定密责任人应当符合在涉密岗位工作的基本条件，接受定密培训，熟悉科学技术保密法律法规及定密规定，熟悉主管业务和相关行业工作科学技术秘密事项范围，以及国家科学技术秘密产生的部门、部位及工作环节,掌握定密程序和方法。

第十二条 定密责任人的职责:

(一)在定密权限范围内,审核批准本机关、本单位产生的以及无相应定密权限的机关、单位提请的国家科学技术秘密的名称、密级、保密期限、保密要点和知悉范围;

(二)同本机关、本单位确定的国家科学技术秘密持有单位(以下简称持密单位)签订保密责任书;

(三)对本机关、本单位确定的尚在保密期限内的国家科学技术秘密进行审核,作出是否变更或者解除的决定;

(四)对本机关、本单位产生的且无权定密的国家科学技术秘密事项,提请上级有相应定密权的机关、单位定密。

第十三条 机关、单位负责人发现其指定的定密责任人有下列情形之一的,应当作出调整:

(一)定密不当,情节严重的;

(二)因离岗离职无法继续履行定密职责的;

(三)科学技术行政管理部门建议调整的;

(四)因其他原因不宜从事定密工作的。

第四章 国家科学技术秘密的确定、变更和解除

第十四条 机关、单位确定国家科学技术秘密应当依据科学技术秘密事项范围进行。科学技术秘密事项范围没有明确规定但属于《科学技术保密规定》第九条规定情形的,应当确定为国家科学技术秘密。

第十五条 确定国家科学技术秘密,应当同时确定其名称、密级、保密期限、保密要点和知悉范围。

第十六条 国家科学技术秘密的名称应当符合科学技术的特点和规律。

第十七条 国家科学技术秘密的密级应当根据与国家安全和利益的关联程度确定为绝密、机密或者秘密。

第十八条 国家科学技术秘密的保密期限可以是应当保密的时间段,也可以是明确的解密时间;不能确定具体保密期限的,应当确定明确、具体、合法的解密条件。

国家科学技术秘密的保密期限,绝密级不超过 30 年,机密级不超过 20 年,秘密级不超过 10 年。

第十九条 国家科学技术秘密的保密要点包括:

(一) 暂时不宜公开的国家科学技术发展战略、方针、政策、措施、规划、计划、方案和指南等;

(二) 涉密项目研制目标、路线、过程,关键技术原理、诀窍、参数、成分、工艺,设计图纸、试验记录、制造说明、样品模型,专用软件、设备、装置、设施、实验室,情报来源和科研经费预算等;

(三) 敏感领域资源、物种、物品、数据和信息等;

(四) 民用技术应用于国防、军事、国家安全和治安等;

(五) 国家间有特别约定的国际科学技术合作等。

第二十条 国家科学技术秘密的知悉范围包括允许知悉国家科学技术秘密名称、密级、保密期限和保密要点的机关、单位或者相关工作人员。

一般情况下,知悉范围不应当包括境外组织、机构、人员,境外驻华组织、机构或者外资企业等。

第二十一条 确定国家科学技术秘密应当按照以下途径进行:

(一) 机关、单位对所产生的国家科学技术秘密事项有定密权限的,应当依法确定名称、密级、保密期限、保密要点和知悉范围;

(二) 机关、单位对所产生的国家科学技术秘密事项没有定密权限的,应当先行采取保密措施,并向有相应定密权限的上级机关、单位提请定密;没有上级机关、单位的,向有相应定密权限的业务主管部门提请定密;没有业务主管部门的,向所在省、自治区、直辖市科学技术行政管理部门提请定密;

(三) 实行市场准入管理的技术或者产品涉及的科学技术事项需要确定为国家科学技术秘密的,向批准准入的国务院有关主管部门提请定密。

第二十二条 根据实际定密工作需要,机关、单位可以聘请 5 至 9 名技术、经济、法律和管理等类别专家,组成专家组提供定密咨询意见,专家应当具有高级专业技术职务并与拟定密事项无利害关系。

第二十三条 定密时所依据科学技术秘密事项范围发生变化的,机关、单位应当在原定保密期限届满前对所确定国家科学技术秘密事项的密级、保密期限、保密要点、知悉范围及时作出变更。

国家科学技术秘密的变更，由原定密机关、单位决定，也可由其上级机关、单位决定。

第二十四条 国家科学技术秘密的密级、保密期限、保密要点和知悉范围可以单独或者同时进行变更。

第二十五条 持密单位在境内与非涉外机构开展科学技术交流、合作、转移转化等活动，如果涉及保密要点，应当由持密单位报请原定密机关、单位批准。

第二十六条 国家科学技术秘密的具体保密期限已满、解密时间已到或者符合解密条件的，自行解密。

第二十七条 尚在保密期限内的国家科学技术秘密，经审查有下列情形之一时，应当提前解密：

（一）已经扩散且无法采取补救措施的；

（二）科学技术秘密事项范围调整后，不再属于国家科学技术秘密的；

（三）公开后不会损害国家安全和利益的。

提前解密由原定密机关、单位决定，也可由其上级机关、单位决定。

第二十八条 机关、单位确定、变更和提前解除国家科学技术秘密，应当作出书面记录，并在作出决定后20个工作日内书面通知知悉范围内的机关、单位或者人员。书面记录、技术性和政策性材料，以及专家组名单应当归档备查。

第五章 备 案

第二十九条 确定、变更和撤销定密授权的决定应当报科学技术行政管理部门备案。

（一）中央国家机关应当在作出决定的同时，报国家科学技术行政管理部门备案；

（二）省级机关，设区的市、自治州一级的机关应当在作出决定的同时，报省、自治区、直辖市科学技术行政管理部门备案。

第三十条 机关、单位确定和调整定密责任人，应当及时报同级政府科学技术行政管理部门备案。

第三十一条 机关、单位确定、变更和提前解除国家科学技术秘密应当进行备案：

（一）省、自治区、直辖市科学技术行政管理部门和中央国家机关有关部门每年12月31日前将本行政区域或者本部门当年确定、变更和提前解除的国家科学技术秘密情况报国家科学技术行政管理部门备案；

（二）其他机关、单位确定、变更和提前解除的国家科学技术秘密，应当在确定、变更、解除后20个工作日内报同级政府科学技术行政管理部门备案。

第六章 监督与法律责任

第三十二条 机关、单位应当定期对本机关、本单位定密责任人履职、定密授权、定密及备案等情况进行检查，对发现的问题及时纠正。

第三十三条 上级机关、单位或者业务主管部门应当依法进行指导和监督，发现下级机关、单位定密不当或者存在问题的，应当及时通知其纠正，也可以直接作出确定、变更或者解除的决定。

第三十四条 机关、单位未依法履行定密管理职责，导致定密工作不能正常进行的，应当给予通报批评；造成严重后果的，应当依法追究定密责任人和其他直接责任人员的责任。

第三十五条 定密责任人和具体开展定密工作的人员违反本办法，有下列行为之一的，机关、单位应当及时纠正并进行批评教育；造成严重后果的，依纪依法给予处分：

（一）应当确定国家科学技术秘密而未确定的；

（二）不应当确定国家科学技术秘密而确定的；

（三）超出定密权限定密的；

（四）未按照规定程序定密的；

（五）未按规定变更国家科学技术秘密的密级、保密期限、保密要点、知悉范围的；

（六）未按要求开展解密审核的；

（七）不应当解除国家科学技术秘密而解除的；

（八）应当解除国家科学技术秘密而未解除的；

（九）违反法律法规规定和本办法的其他行为。

第七章 附 则

第三十六条 涉及国防科学技术的定密管理，按有关部门规定执行。
第三十七条 本办法由科技部负责解释。
第三十八条 本办法自公布之日起施行。

泄密案件查处办法

（2017年12月29日国家保密局令2017年第2号公布 自2018年1月1日起施行）

第一章 总 则

第一条 为保守国家秘密，维护国家安全和利益，规范和加强保密行政管理部门泄密案件查处工作，根据《中华人民共和国保守国家秘密法》（以下简称保密法）及其实施条例等法律法规，制定本办法。

第二条 保密行政管理部门对公民举报、机关和单位报告、保密检查发现、有关部门移送的涉嫌泄露国家秘密的案件线索，依法调查或者组织、督促有关机关、单位调查处理，适用本办法。

第三条 查处泄密案件，应当坚持教育和惩处相结合，以事实为依据，以法律为准绳，做到事实清楚，证据确实、充分，定性准确，程序合法，处理适当。

第四条 本办法所称"泄露国家秘密"是指违反保密法律、法规和规章的下列行为之一：

（一）使国家秘密被不应知悉者知悉的；

（二）使国家秘密超出了限定的接触范围，而不能证明未被不应知悉者知悉的。

第五条 存在下列情形之一的，按泄露国家秘密处理：

（一）属于国家秘密的文件资料或者其他物品下落不明的，自发现之日起，绝密级10日内，机密级、秘密级60日内查无下落的；

（二）未采取符合国家保密规定或者标准的保密措施，在互联网及其他公共信息网络、有线和无线通信中传递国家秘密的；

（三）使用连接互联网或者其他公共信息网络的计算机、移动存储介质等信息设备存储、处理国家秘密，且该信息设备被远程控制的。

第六条 泄密案件查处工作主要包括：

（一）查明所泄露的国家秘密事项的内容与密级；

（二）查明案件事实、主要情节和有关责任人员；

（三）要求有关机关、单位采取必要的补救措施；

（四）根据有关法律、法规和规章等对责任人员提出处理建议，并督促机关、单位作出处理；

（五）针对案件暴露出的问题，督促机关、单位加强和改进保密工作。

第七条 泄密案件查处实行分级办理、各负其责的工作制度。国家保密行政管理部门主管全国的泄密案件查处工作。地方各级保密行政管理部门在上级保密行政管理部门指导下，负责本行政区域的泄密案件查处工作。

有关机关、单位在保密行政管理部门的组织、督促、指导下，对泄密案件进行查处，并采取相应整改补救措施。

第八条 上级保密行政管理部门对下级保密行政管理部门，地方保密行政管理部门对本行政区域内机关、单位泄密案件查处工作进行指导、监督。发现查处不当的，应当及时予以纠正。

第九条 办案人员与案件有利害关系或者其他关系可能影响案件公正处理的，应当自行回避；案件当事人有权要求其回避。

办案人员的回避，由其所属保密行政管理部门决定。保密行政管理部门负责人的回避，由上一级保密行政管理部门决定。

第十条 保密行政管理部门及其办案人员对案件查处工作中获取的国家秘密、工作秘密、商业秘密及个人隐私，应当保密。

第二章 管 辖

第十一条 泄密案件由泄密行为发生地县级以上保密行政管理部门管辖。由有关机关、单位所在地或者案件当事人居住地保密行政管理部门管辖更便于查处工作开展的，可以由有关机关、单位所在地或者案件当事人居住地保密行政管理部门管辖。

移交有关机关、单位所在地或者案件当事人居住地保密行政管理部门管辖的泄密案件，泄密行为发生地保密行政管理部门在移交前应当及时收集证据，并配合开展调查取证工作。

第十二条 国家保密行政管理部门依法调查或者组织、督促查处下列泄密案件：

（一）中央和国家机关发生的；

（二）涉及多个省（自治区、直辖市）的；

（三）全国范围内重大、复杂案件。

第十三条 省（自治区、直辖市）保密行政管理部门依法调查或者组织、督促查处下列泄密案件：

（一）省级机关及省（自治区、直辖市）直属机关发生的；

（二）涉及本行政区域内多个市（地、州、盟）或者部门的；

（三）中央和国家机关设在省（自治区、直辖市）的直属机构发生的；

（四）本辖区内重大、复杂案件。

第十四条 中央和国家机关认为本系统发生泄密案件的有关单位情况特殊，不宜由地方保密行政管理部门查处的，可以向国家保密行政管理部门提交书面材料说明理由，由国家保密行政管理部门决定。

第十五条 对于重大、复杂的泄密案件，上级保密行政管理部门可以指定管辖；具有管辖权的保密行政管理部门由于特殊原因不能调查或者组织、督促查处的，可以报请上一级保密行政管理部门指定管辖；同级保密行政管理部门之间因管辖权发生争议的，应当本着有利于开展查处工作的原则协商解决，必要时报请共同的上级保密行政管理部门指定管辖。

上级保密行政管理部门应当在接到指定管辖申请之日起7个工作日内，作出指定管辖决定，并书面通知被指定管辖的保密行政管理部门和其他有关保密行政管理部门。原受理案件的保密行政管理部门收到上级保密行政管理部门书面通知后，应当立即将案卷材料移送被指定管辖的保密行政管理部门，并书面通知有关机关、单位。

第十六条 保密行政管理部门发现案件不属于本部门管辖的，应当自发现之日起 7 个工作日内移送具有管辖权的保密行政管理部门或者其他部门。

接受移送的保密行政管理部门对管辖权有异议的，应当报请上一级保密行政管理部门指定管辖，不得再自行移送。

第三章 证 据

第十七条 可以用于证明案件事实的材料，都是证据。证据包括：

（一）物证；

（二）书证；

（三）证人证言；

（四）案件当事人陈述；

（五）视听资料、电子数据；

（六）保密检查、勘验笔录、技术核查报告；

（七）密级鉴定书。

第十八条 保密行政管理部门在案件调查过程中，应当合法、及时、客观、全面地收集、调取证据材料，并予以审查、核实。

第十九条 收集、调取的物证应当是原物。在原物不便搬运、不易保存，依法应当由有关机关、单位保管、处理或者依法应当返还时，可以拍摄或者制作足以反映原物外形或者内容的照片、录像。物证的照片、录像，经与原物核实无误或者经鉴定证明为真实的，可以作为证据使用。

第二十条 收集、调取的书证应当是原件。在取得原件确有困难时，可以使用副本或者复制件。

书证的副本、复制件，经与原件核实无误的，可以作为证据使用。书证有更改或者更改迹象不能作出合理解释的，或者书证的副本、复制件不能反映书证原件及其内容的，不能作为证据使用。

第二十一条 办案人员应当收集电子数据的原始载体。收集原始载体确有困难时，可以拷贝复制或者进行镜像备份。

第二十二条 书证的副本、复制件，视听资料、电子数据的复制件，物证的照片、录像，应当附原件、原物存放处的文字说明。

第四章 受 理

第二十三条 保密行政管理部门对公民举报、机关和单位报告、保密检查发现、有关部门移送的涉嫌泄露国家秘密的案件线索，应当依法及时受理。

第二十四条　保密行政管理部门受理涉嫌泄露国家秘密的案件线索举报，举报人不愿意公开个人或者单位信息的，应当在受理登记时注明，并为其保密。

保密行政管理部门应当对举报人提供的有关证据材料、物品等进行登记，出具接收清单，并妥善保管；必要时，可以拍照、录音或者录像。

第二十五条　保密行政管理部门受理涉嫌泄露国家秘密的案件线索，应当分别作出处理：

（一）已经或者可能泄露国家秘密的，应当进行初查；

（二）经核实，存在违反保密法律法规行为，但情节显著轻微，没有造成危害后果的，可以责成有关机关、单位对责任人员进行批评教育；

（三）没有泄密事实或者案件线索无法核实的，不予处理。

第二十六条　保密行政管理部门受理涉嫌泄露国家秘密的案件线索，发现需要采取补救措施的，应当立即责令有关机关、单位和人员停止违法行为，采取有效措施，防止泄密范围扩大。

第五章　初查与立案

第二十七条　保密行政管理部门在决定是否立案前，应当对涉嫌泄露国家秘密的案件线索进行初查，了解是否存在泄密事实。初查内容包括：

（一）案件线索涉及人员的主体身份及基本情况；

（二）案件线索所反映的问题是否属实，是否造成国家秘密泄露，是否达到刑事立案标准。

第二十八条　初查结束后，应当形成初查情况报告，内容包括案件线索情况、初查情况和处理建议。

第二十九条　保密行政管理部门应当根据初查情况分别作出处理：

（一）确有泄露国家秘密事实，且已经达到刑事立案标准的，应当移送有关部门查处；

（二）确有泄露国家秘密事实，尚未达到刑事立案标准，且具有管辖权的，应当予以立案，不具有管辖权的，应当移交具有管辖权的保密行政管理部门处理；

（三）确有泄露国家秘密事实，但案件线索内容不全或者有误，通知案件线索移送部门或者举报人、报告人补充，经补充案件线索内容仍不具备查处条件的，暂不予以立案，有关材料存档备查；

（四）未造成国家秘密泄露，但存在违反保密法律法规事实的，应当督促、指导有关机关、单位进行调查处理，必要时保密行政管理部门可以直接调查；

（五）未违反保密法律法规，但存在其他涉嫌违法或者违纪事实的，移交有关职能部门处理；

（六）案件线索反映的情况失实的，不予处理，必要时可以向有关机关、单位和案件当事人说明情况。

第三十条 初查时限为 2 个月，必要时可以延长 1 个月。重大、复杂的案件线索，在延长期内仍不能初查完毕的，经保密行政管理部门负责人批准后可以延长。

初查时限自接到案件线索之日算起，至呈报初查情况报告之日止。

第三十一条 经初查应当予以立案的，办案人员应当填报立案表，并附案件线索材料、初查情况报告，报请保密行政管理部门负责人审批。

第三十二条 保密行政管理部门在立案后，应当制作立案通知书，通知有关机关、单位；通知立案可能影响案件查处工作的，可以直接通知其上级主管部门。

第六章　调查与处理

第三十三条 案件立案后，保密行政管理部门应当指派 2 名以上办案人员进行调查或者指导、督促有关机关、单位进行调查。

对于重大、复杂案件，保密行政管理部门可以组织相关部门成立专案组，开展案件调查。

第三十四条 案件调查内容包括：

（一）案件当事人的基本情况；

（二）案件当事人是否实施违反保密法律法规行为；

（三）实施违反保密法律法规行为的时间、地点、手段、后果以及其他情节；

（四）有无法定从重、从轻、减轻或者免予处理的情形；

（五）与案件有关的其他事实。

第三十五条 保密行政管理部门直接调查、检查时，办案人员不得少于2人，并应当出示证件，表明身份。

第三十六条 机关、单位应当积极配合案件调查工作，提供相关证据。

机关、单位应当对案件当事人出国（境）进行审查，可能影响案件查处的，不得批准其出国（境）。

第三十七条 案件当事人应当自觉接受、配合调查，如实说明情况；不得与同案人或者知情人串通情况，不得对抗调查；不得将案件查处情况告知他人。

第三十八条 办案人员在案件调查过程中可以询问案件当事人、证人或者其他案件关系人，并制作询问笔录。询问应当个别进行。

第三十九条 询问内容应当包括：

（一）被询问人的基本情况；

（二）被询问人与案件当事人或者与案件的联系；

（三）证明案件当事人是否负有责任以及责任轻重的事实；

（四）所证明的事实发生的原因、时间、地点、手段、情节等；

（五）其他与案件有关的内容。

第四十条 询问笔录应当采取问答式，如实对办案人员的提问和被询问人的回答进行记录。记录被询问人的陈述应当详细具体，忠于原意。对于被询问人声明记忆不清的情节，笔录中应当如实反映。

询问笔录应当交被询问人核对，对没有阅读能力的，应当向其宣读。记录有误或者遗漏的，应当允许被询问人更正或者补充。被询问人确认笔录无误后，应当在询问笔录上逐页签名。拒绝签名的，询问人员应当在询问笔录中注明。

询问时，可以全程录音、录像，并保持录音、录像资料的完整性。

第四十一条 案件当事人、证人或者其他案件关系人请求自行提供书面材料的，应当准许。必要时，办案人员也可以要求案件当事人、证人或者其他案件关系人自行书写。

案件当事人、证人或者其他案件关系人应当在其提供的书面材料结尾处签名。打印的书面材料应当逐页签名。办案人员收到书面材料后，应当在首页注明收到日期，并签名。

第四十二条 询问案件当事人时，办案人员应当听取案件当事人的陈述和申辩。对其陈述和申辩，应当进行核查。

第四十三条 办案人员在案件调查过程中可以查阅、复制与案件有关的文件资料、会议记录、工作笔记等材料，查阅、了解案件当事人的身份信息、现实表现情况等信息，有关机关、单位和个人应当予以配合。

第四十四条 办案人员在案件调查过程中可以对与泄密案件有关的场所、物品进行检查。检查时，被检查人或者见证人应当在场。

办案人员可以根据检查情况制作检查笔录。检查笔录由办案人员、被检查人或者见证人签名；被检查人或者见证人不在场、拒绝签名的，办案人员应当在检查笔录中注明。

第四十五条 在案件调查过程中对国家秘密载体或者相关设施、设备、文件资料等登记保存，依照《中华人民共和国行政强制法》相关规定进行。办案人员应当会同持有人或者见证人查点清楚，当场开列登记保存清单一式二份，写明登记保存对象的名称、规格、数量、特征、登记保存地点等，由办案人员和持有人或者见证人签名后，各执一份。

对于登记保存在有关机关、单位的设施、设备，应当采取足以防止有关证据灭失或者转移的措施。

第四十六条 对涉及计算机、移动存储介质等信息设备的泄密案件，保密行政管理部门可以组织或者委托具有技术核查取证职能的部门或者单位进行技术核查取证。

第四十七条 案件调查过程中，需要对有关事项是否属于国家秘密以及属于何种密级进行鉴定的，应当及时提请具有密级鉴定权的保密行政管理部门鉴定。

第四十八条 案件调查过程中，保密行政管理部门发现有关机关、单位存在泄密隐患的，应当立即要求其采取措施，限期整改；对存在泄密隐患的设施、设备、场所，依法责令停止使用。

第四十九条 经调查，证据不足无法认定存在泄密事实的，经保密行政管理部门负责人批准，应当作出撤销案件的决定。撤销案件的决定应当及时书面通知有关机关、单位。

第五十条 经调查，保密行政管理部门认为案件当事人实施的违反保密法律法规行为涉嫌构成犯罪的，应当连同案件材料及时移送有关部门查处。

第五十一条 调查结束后，保密行政管理部门认为存在泄密事实，需要追究责任的，应当向有关机关、单位提出人员处理建议。有关机关、单位应当及时将处理结果书面告知同级保密行政管理部门。

有关机关、单位对责任人员不依法给予处分的，保密行政管理部门应当依法建议纠正。对拒不纠正的，保密行政管理部门应当依法提请其上一级机关或者监察机关对该机关、单位负有责任的领导人员和直接责任人员依法予以处理。

第五十二条 保密行政管理部门应当针对案件暴露出的问题，督促有关机关、单位采取整改措施，加强和改进保密工作。

机关、单位应当在规定时限内将整改情况书面报送保密行政管理部门。保密行政管理部门可以对机关、单位的整改情况进行复查。

第七章 结　案

第五十三条 泄密案件调查终结应当具备下列条件：

（一）泄露国家秘密的事实已经调查清楚；

（二）已经采取必要的补救措施；

（三）已经对案件相关责任人员作出处理，或者移送有关部门查处；

（四）有关机关、单位已经采取整改措施。

第五十四条 办案人员在案件调查处理工作完成后，应当提交结案报告，经立案的保密行政管理部门负责人批准后结案。结案报告应当包括以下内容：

（一）泄密案件的发生、发现经过；

（二）案件涉及国家秘密的密级、数量、载体形式以及概要内容；

（三）泄密案件已经或者可能造成的危害；

（四）案件发生的主要原因；

（五）已经采取的补救措施；

（六）责任人员处理情况；

（七）有关机关、单位整改情况；

（八）其他需要说明的情况。

第五十五条 泄密案件查处时限为 3 个月，自立案之日起 3 个月未能查结的，经查处泄密案件的保密行政管理部门负责人批准可延长 1 个月。

在延长期内仍不能查结的，查处泄密案件的保密行政管理部门应当向上一级保密行政管理部门说明原因，逾期未说明原因或者理由不充分的，上一级保密行政管理部门应当予以检查、督促。

第八章 配合机制

第五十六条 省（自治区、直辖市）保密行政管理部门与中央和国家机关保密工作机构在泄密案件查处工作中应当相互配合。

设区的市、自治州一级及以下地方保密行政管理部门需要中央和国家机关保密工作机构配合工作的，应当报请所属省（自治区、直辖市）保密行政管理部门协调。

第五十七条 保密行政管理部门应当加强与同级纪检监察、网信、审判、检察、公安、国家安全等机关的协调配合，建立健全协调配合机制，共同做好泄密案件查处工作。

第五十八条 在泄密案件查处工作中需要军地双方配合的，军队相应保密工作部门和地方保密行政管理部门可以直接联系，相互之间应当支持配合。

第九章 法律责任

第五十九条 在泄密案件查处工作中，有关机关、单位及其工作人员拒不配合，弄虚作假，隐匿、销毁证据，以其他方式逃避、妨碍案件查处的，对直接负责的主管人员和其他直接责任人员依法给予处分。

企事业单位及其工作人员协助机关、单位逃避、妨碍案件查处的，由有关主管部门依法予以处罚。

第六十条 保密行政管理部门办理泄密案件，未依法履行职责，或者滥用职权、玩忽职守、徇私舞弊的，对直接负责的主管人员和其他直接责任人员依法给予处分；构成犯罪的，依法追究刑事责任。

第十章 附　　则

第六十一条　机关、单位工作人员实施保密法第四十八条规定的其他违法行为，保密行政管理部门可以参照本办法调查或者组织、督促机关、单位调查处理。

第六十二条　执行本办法所需要的文书式样，由国家保密行政管理部门统一制定。国家保密行政管理部门没有制定式样，执法工作中需要的其他文书，省（自治区、直辖市）保密行政管理部门可以自行制定式样。

第六十三条　本办法由国家保密局负责解释。

第六十四条　本办法自 2018 年 1 月 1 日起施行。国家保密局 1992 年 11 月 20 日印发的《泄密事件查处办法（试行）》同时废止。

附录二

本书所涉文件目录

宪　法
2018 年 3 月 11 日　　中华人民共和国宪法

法　律
2009 年 6 月 27 日　　中华人民共和国统计法
2009 年 10 月 31 日　　中华人民共和国驻外外交人员法
2015 年 7 月 1 日　　中华人民共和国国家安全法
2015 年 8 月 29 日　　中华人民共和国全国人民代表大会和地方各级人民代表大会代表法
2016 年 11 月 7 日　　中华人民共和国气象法
2016 年 11 月 7 日　　中华人民共和国网络安全法
2017 年 6 月 27 日　　中华人民共和国行政诉讼法
2017 年 9 月 1 日　　中华人民共和国核安全法
2018 年 3 月 20 日　　中华人民共和国监察法
2018 年 10 月 26 日　　中华人民共和国刑事诉讼法
2018 年 12 月 29 日　　中华人民共和国劳动法
2018 年 12 月 29 日　　中华人民共和国公务员法
2019 年 4 月 23 日　　中华人民共和国检察官法
2019 年 4 月 23 日　　中华人民共和国法官法
2019 年 10 月 26 日　　中华人民共和国密码法
2020 年 6 月 20 日　　中华人民共和国档案法
2020 年 10 月 17 日　　中华人民共和国生物安全法
2020 年 10 月 17 日　　中华人民共和国专利法
2020 年 12 月 26 日　　中华人民共和国国防法
2021 年 3 月 11 日　　中华人民共和国全国人民代表大会组织法

2021 年 6 月 10 日	中华人民共和国数据安全法
2021 年 6 月 10 日	中华人民共和国军事设施保护法
2022 年 9 月 2 日	中华人民共和国反电信网络诈骗法
2023 年 4 月 26 日	中华人民共和国反间谍法
2023 年 12 月 29 日	中华人民共和国刑法

行政法规及文件

2001 年 11 月 16 日	国务院办公厅关于利用计算机信息系统开展审计工作有关问题的通知
2004 年 9 月 17 日	国防专利条例
2014 年 1 月 17 日	保守国家秘密法实施条例
2014 年 8 月 7 日	企业信息公示暂行条例
2016 年 2 月 6 日	电信条例
2018 年 3 月 17 日	科学数据管理办法
2019 年 4 月 3 日	政府信息公开条例
2019 年 12 月 30 日	国家政务信息化项目建设管理办法
2023 年 4 月 27 日	商用密码管理条例

部门规章及文件

1992 年 6 月 13 日	新闻出版保密规定
2002 年 11 月 26 日	对外科技交流保密提醒制度
2010 年 1 月 21 日	通信网络安全防护管理办法
2014 年 3 月 9 日	国家秘密定密管理暂行规定
2014 年 8 月 10 日	医师资格考试违纪违规处理规定
2014 年 8 月 29 日	安全生产工作国家秘密定密管理暂行办法
2015 年 4 月 29 日	电子认证服务管理办法
2015 年 5 月 5 日	金融企业业务档案管理规定
2015 年 11 月 16 日	科学技术保密规定
2017 年 3 月 9 日	保密事项范围制定、修订和使用办法
2017 年 5 月 2 日	互联网新闻信息服务管理规定
2017 年 12 月 29 日	泄密案件查处办法

2018 年 8 月 8 日	国家科学技术秘密定密管理办法
2018 年 8 月 25 日	国家科学技术秘密持有单位管理办法
2019 年 12 月 31 日	外商投资人才中介机构管理暂行规定
2020 年 3 月 11 日	人民法院、保密行政管理部门办理侵犯国家秘密案件若干问题的规定
2020 年 3 月 12 日	人民检察院、保密行政管理部门办理案件若干问题的规定
2020 年 6 月 28 日	国家秘密解密暂行办法
2020 年 12 月 10 日	涉密信息系统集成资质管理办法
2020 年 12 月 22 日	国家秘密载体印制资质管理办法
2021 年 7 月 30 日	国家秘密鉴定工作规定
2021 年 12 月 13 日	环保举报热线工作管理办法
2023 年 3 月 18 日	网信部门行政执法程序规定
2023 年 4 月 1 日	派生国家秘密定密管理暂行办法
2023 年 8 月 8 日	企业档案管理规定

司法解释及文件

2011 年 7 月 29 日	最高人民法院关于审理政府信息公开行政案件若干问题的规定
2012 年 11 月 16 日	人民法院公文处理办法

图书在版编目（CIP）数据

保守国家秘密法一本通 / 法规应用研究中心编. — 北京：中国法制出版社，2024.4
（法律一本通；48）
ISBN 978-7-5216-4406-7

Ⅰ.①保… Ⅱ.①法… Ⅲ.①保密法-基本知识-中国 Ⅳ.①D922.14

中国国家版本馆 CIP 数据核字（2024）第 055154 号

责任编辑：谢　雯　　　　　　　　　　　封面设计：杨泽江

保守国家秘密法一本通
BAOSHOU GUOJIA MIMIFA YIBENTONG

编者/法规应用研究中心
经销/新华书店
印刷/三河市紫恒印装有限公司
开本/880 毫米×1230 毫米　32 开　　　　印张/ 7.5　字数/ 176 千
版次/2024 年 4 月第 1 版　　　　　　　　2024 年 4 月第 1 次印刷

中国法制出版社出版
书号 ISBN 978-7-5216-4406-7　　　　　　　　定价：35.00 元
北京市西城区西便门西里甲 16 号西便门办公区
邮政编码：100053　　　　　　　　　　　传真：010-63141600
网址：http://www.zgfzs.com　　　　　　编辑部电话：010-63141833
市场营销部电话：010-63141612　　　　印务部电话：010-63141606

（如有印装质量问题，请与本社印务部联系。）